MARGUERITE-AUGUSTIN FÉRAUD

UN PROBLÈME FÉMININ

APPRENDRE A VOULOIR

DEUXIÈME ÉDITION

Librairie académique PERRIN et Cie

JOUBERT. — Pensées. Édition complète. 1 vol. in-16............. 1 50

— Correspondance. 1 vol. in-16. 3 50

FALLOUX (Cᵗᵉ de). — Madame Swetchine. Sa vie et ses œuvres. 2 vol. in-16. .... 8 »

— Correspondance du P. Lacordaire et de Mᵐᵉ Swetchine. 1 vol. in-16. 4 »

Lettres de Madame Swetchine. 3 vol. in-16. .... 12 »

— Augustin Cochin. 1 vol. in-16, avec beau portrait gravé..... .. ... 3 50

LAUDET (Fernand). — Les Semeurs. Joubert, Mᵐᵉ de Chateaubriand, Mᵐᵉ Swetchine, La sœur Rosalie, Augustin Cochin. 1 vol. in-16 .. .. 3 50

MARGUERITE AUGUSTIN FÉRAUD. — Un problème féminin. Apprendre à vouloir. 1 vol. in-16............. 3 50

GODARD (André). — Les Réfections françaises Les Jardins volières. 1 vol. in-16 .... 3 50

JOERGENSEN (Johannès). — Saint François d'Assise. Sa vie et son œuvre. 1 vol. in-8° écu. .... 5 »

— Pèlerinages franciscains. 1 vol. in-8° écu..................... 3 50

— Le Livre de la Route. 1 vol. in-8° écu. 3 50

Les Petites fleurs de saint François d'Assise (Fioretti), suivies des considérations des très saints stigmates. Traduction nouvelle d'après les textes originaux, par T. DE WYZEWA. 1 vol. in-16. .... 3 50

VORAGINE (LE BIENHEUREUX JACQUES DE). — La Légende dorée, traduite du latin d'après les plus anciens manuscrits, par T. DE WYZEWA. 1 vol. in-8° écu..................... 5 »

SERTILLANGES (A. D.). — Les Sources de la croyance en Dieu. 1 volume in-16..................... 3 50

GOYAU (LUCIE FÉLIX-FAURE). — Vers la Joie. Ames païennes. Ames chrétiennes. 1 vol. in-16.......... 3 50

— La Vie et la Mort des Fées. 1 vol. in-16..................... 3 50

— Spectacles et Reflets. L'Ame des enfants des pays et des saints. 1 vol. in-16.................... 3 50

— Christianisme et Culture féminine. 1 vol. in-16............. 3 50

— Choses d'âme. 1 vol. in-16... 3 50

J. PH HEUZEY. — Un apostolat littéraire. Lucie Félix-Faure Goyau. Sa vie et ses œuvres, son journal intime, avec portrait. 1 vol. in-16. 3 50

HELLO (ERNEST) — L'Homme. La Vie. La Science, l'Art. 1 vol. in-16.. 3 50

— Physionomies de Saints. 1 vol. in-16..................... 3 50

— Paroles de Dieu. Réflexions sur quelques textes sacrés. 1 vol. in-16. 3 50

— Le Siècle. Les hommes et les idées. 1 vol. in-16..................... 3 50

— Rusbrock l'Admirable. Œuvres choisies. 1 vol. in-16. .... 3 50

— Contes extraordinaires. 1 vol. in-16..................... 3 50

— Philosophie et Athéisme. 1 vol. in-16..................... 3 50

EYMIEU (ANTONIN). — Le Gouvernement de soi-même. Essai de psychologie pratique, 1ʳᵉ série. Les Grandes Lois. 1 vol. in-16............. 3 50

— Le Gouvernement de soi-même. 2ᵉ série, L'Obsession et le Scrupule. 1 vol. in-16..................... 3 50

—

APPRENDRE A VOULOIR

MARGUERITE-AUGUSTIN FÉRAUD

UN PROBLÈME FÉMININ

APPRENDRE A VOULOIR

PARIS

LIBRAIRIE ACADÉMIQUE

PERRIN ET Cⁱᵉ, LIBRAIRES-ÉDITEURS

35, QUAI DES GRANDS-AUGUSTINS, 35

1917

UN PROBLÈME FÉMININ

—

APPRENDRE A VOULOIR

CHAPITRE PREMIER

UN BERCEAU

Rien ne nous attire, nous autres femmes, ni ne nous charme autant qu'un berceau ; rien ne nous captive comme les petits bras d'un nouveau-né ; et si quelques unes prétendent être insensibles à cet enchantement, c'est qu'elles se calomnient ou ne se connaissent pas encore.

Cet attrait est une merveilleuse loi : le tout petit a besoin de l'aide qu'il nous est si doux de lui donner et qui, dans tous les temps, a réalisé pour lui des prodiges. Prodiges qui, dans l'imagination populaire, ont créé la légende des bonnes fées entourant les berceaux, et les couvrant, qu'ils soient de paille ou de dentelles, avec leurs dons magiques comme avec des fleurs.

Fées de jadis, marraines d'aujourd'hui, les femmes gardent dans leurs bras et sur leurs genoux, préservent, embellissent, élèvent les générations naissantes. Leur sens doublé de tendresse pressent, devine, se transforme. Elles voient que le monde a changé et que l'éducation doit changer aussi ; elles savent que leur œuvre se poursuivra par d'autres chemins que ceux du passé ; et près du beau garçon ou de la mignonne petite fille, les rêves ne sont plus ceux d'autrefois. C'est de luttes et de combats qu'il y est question, de bravoure et d'action, non seulement contre les ennemis barbares, mais aussi contre le mal, l'ignorance, les misères ; et les chansons qui bercent les fils et les filles de France, bercent aussi les nobles projets, les sages résolutions des mères et des éducatrices.

La femme a naturellement sa place dans ces pensées d'avenir et on se préoccupe de la rendre plus forte, plus consciente, mieux adaptée aux temps nouveaux où elle devra vivre. A ce titre, l'éducation de la volonté est actuellement une des questions les plus intéressantes.

Mais qu'est-ce que la volonté ? de quels éléments se compose l'être humain que nous nous proposons d'améliorer ?

Il serait bien impossible d'indiquer des moyens d'agir là où nous ne connaissons rien du terrain d'évolution ; et de gagner la bataille sans avoir au moins quelques notions

générales sur ceux qui doivent la livrer.
« Pour développer les facultés et les sentiments qui se trouvent en germe dans l'enfant, il faut le connaître, il faut en avoir
étudié la nature et les lois[1] ».

Nous ne saurions être mieux placées pour
entreprendre cette étude qu'auprès du berceau où s'endort la petite fille qui sera la
femme de demain. Le livre est ouvert sous
nos yeux ; essayons, en le lisant simplement,
maternellement, d'en pénétrer le joli mys-
tère.

I

Notre toute petite appartient à la plus
noble race du monde; nous croyons à l'u-
nité de cette race, sortie des mains et du
souffle de Dieu; nous croyons aussi au

---

1. Vieillot, *Notions de psychologie appliquées aux choses de
l'éducation* (Lille).

témoignage des hommes qui ont écrit l'histoire de l'humanité et de ses conquêtes sur la matière inerte, les grands végétaux, les animaux eux-mêmes.

L'enfant ressemble à ceux-ci cependant ; son corps délicat se rattache par sa structure à d'autres formes vivantes, comme elles croissant, mûrissant, déclinant pour mourir ; elle est régie par la plupart de leurs lois et se trouve même plus faible et plus dénuée qu'aucun d'eux ; enfin elle nous apparaît désarmée en face d'un monde où tout est combat !

Mais ce n'est là qu'une apparence et qui distingue sa nature de celle des êtres inférieurs, en fait, beaucoup moins favorisés. Les animaux [1] «qui vivent soumis à l'instinct, n'ont que la faculté d'utiliser et de réparer des instruments organisés ; l'enfant qui

1. Bergson, *Evolution créatrice*, ch. II, p. 1 (Alcan).

grandira sous la loi de l'intelligence, a été
créé avec la faculté de fabriquer des instruments artificiels, tels que des outils et
des armes [1] ».

La créature humaine a reçu d'autres dons :
déjà, à travers les premiers sourires et les
gestes encore maladroits de notre petite
fille, jaillit une étincelle de vie supérieure,
manifestation commençante de l'âme que
Dieu a mise en elle ! Esprit invisible, cette
âme est unie au corps que nous avons sous
les yeux « par des liens si intimes et si pro-
fonds qu'on peut dire avec vérité : l'âme et
le corps ne forment qu'un seul être [2]. »

Le corps gracieux que nous voyons, dont
nous connaissons les organes, est un chef-
d'œuvre de beauté, d'équilibre et d'appro-
priation; cependant nous sommes loin de

1. L'épouvantable guerre actuelle ne prouve que trop à quel
point cette aptitude a été utilisée.
2. M. Boutroux.

tout savoir sur le jeu et les rapports des
parties qui le composent. La chimie elle-
même qui nous en indique les éléments ne
nous en explique pas la synthèse; et bien
des vies d'étude patiente succèderont aux
vies laborieuses de nos savants avant qu'on
nous ait dit le dernier mot sur toutes ces
choses. Le pourra-t-on jamais ?

Combien plus mystérieuse encore est la
nature de l'union de l'âme et du corps et des
communications qu'ils ont ensemble! On parle
maintenant de neurônes, de matière grise
et de réseaux vaso-moteurs, là où on enseignait autrefois l'action directe des sens sur
le cœur et le cerveau; mais le résultat est
presque le même : une grande part d'inconnu demeure!

En fait, « il y a action continuelle de nos
facultés supérieures sur nos facultés infé-
rieures et réciproquement ; va et vient

incessant dans lequel il ne nous est pas possible de distinguer où commence la matière et d'isoler son action[1]. »

Quoique les lignes admirablement atténuées paraissent quelquefois se confondre dans le prisme, les couleurs différentes qui le composent n'en existent pas moins. Ainsi notre certitude est acquise et solidement fondée de l'existence de l'âme dans le corps et de leur union mystérieuse.

II

A mesure que la vie de l'enfant se développe et se fortifie, elle arrive très vite à soumettre à une sorte d'examen tout sujet qu'elle perçoit ; elle le regarde, l'étudie et le comprend à sa manière ; puis elle s'émeut ; enfin elle veut ou ne veut pas acquérir l'ob-

[1]. M. Boutroux.

jet de sa connaissance. C'est l'ébauche d'une opération qui se renouvellera sans cesse, en se perfectionnant ; et qui met en jeu nos principales facultés ; l'intelligence, la sensibilité, la volonté :

« Ces facultés demeurent toujours ordonnées entre elles. Il faut par conséquent que les unes commandent et que les autres obéissent. Celle qui dominera sera la faculté à qui incombe la fin la plus étendue: c'est la volonté. Elle poursuit, en effet, le bien en général, tout bien quel qu'il soit. Il faudra donc reconnaître la suprématie de la volonté sur toutes les autres facultés, sauf cependant les facultés végétatives qui sont soustraites, du moins directement, à l'empire de la volonté[1]. »

Il nous semble qu'on peut définir la vo-

---

[1]. Saint Thomas, *Somme théologique.* (Traduction Lachat, éditeur Vivès.)

lonté : la forme supérieure la plus parfaite de l'activité réfléchie ; ou bien aussi : « Le pouvoir que nous avons d'agir en connaissance de cause, et d'être nous-même les maîtres de nos actes[1]. »

L'objet de la volonté est le Bien ! C'est ce que les plus pures doctrines de l'antiquité n'ont fait qu'entrevoir, et cette seule recherche leur a révélé la loi d'une morale supérieure et donné quelque pressentiment de l'unité de Dieu, « mais elles ne pouvaient s'élever plus haut, parce que la raison humaine et la conscience en sont incapables par leurs seuls efforts[2]. »

Nous savons, nous, plus parfaitement, que c'est Dieu qui est le souverain bien ! « Il est cet Etre même dont nous sentons l'action créatrice au milieu de nos efforts pour nous

1. Gillet, *Education du caractère*, ch. I, p. 4 (Desclée).
2. Marion, *Leçons de morale*, p. 170 (Colin).

rapprocher de Lui. Il est l'être parfait et nécessaire, et toute la spontanéité de notre être
à nous est orientée vers Lui[1]. »

Même involontairement, même dans nos
erreurs, c'est Lui que nous cherchons.

Que sera-ce si nous le connaissons davantage ? Si, pour faciliter notre recherche du
bien, c'est au Dieu de l'Evangile, au Christ
lui-même que nous demandons d'illuminer
notre route, de diriger nos pas !

« Au moment où se mourait la philosophie
grecque et les sages qui l'avaient prêchée,
expirait un autre Juste ; mais combien
sa mort était-elle différente de celle du
stoïcien ! Il n'avait pas dit : la douleur
n'est qu'une opinion, il avait dit : heureux ceux qui pleurent car ils seront con-
solés ! Il n'avait pas dit : les ignorants ne
peuvent prétendre à la sagesse, mais il avait

1. Boutroux, *Contingence des lois*, p. 33 (Alcan).

dit : heureux les cœurs purs car ils verront
Dieu ! Il n'avait pas dit : la faute n'est qu'une
ignorance, le repentir une faiblesse. Il avait
dit : l'homme est un pécheur, mais il a un
père au ciel qui pardonne au repentir. »

« Et Il n'était pas mort sans regarder
vers l'avenir, mais sa dernière parole avait
été : Père, je te recommande mon âme. De
cette bonne parole et de cette mort l'humanité allait vivre. Elle en vivra jusqu'à la
fin [1] ! »

III

« Pour accomplir le bien obligatoire, pour
suivre l'attrait du beau, l'homme est doué
d'une spontanéité intelligente dont la forme
la plus élevée est le libre arbitre, ou faculté
de choisir entre le bien et le mal, entre les

---

[1]. Boutroux, *Questions de morale et d'éducation* (Delagrave).

actions qui rapprochent de Dieu et celles qui en éloignent[1] ».

Le libre arbitre suppose nécessairement la possibilité des contraires ; si une seule action était possible, il n'y aurait pas de responsabilité : elle n'existe que parce que nous sommes capables de choisir entre plusieurs actes.

« L'analyse découvre, nous dit Fonsegrive, dans l'action qui constitue ce choix cinq moments différents : la conception de l'acte, la représentation de ses conséquences qui en deviennent des motifs, la délibération, la décision, l'exécution. La liberté ne se trouve que dans le cinquième moment : celui du choix décisif[2] », mais elle s'y trouve absolument, et c'est dans ce sens que, dans ce qui va suivre, nous parlerons du libre arbitre.

1. Boutroux, *Contingence des lois* p. 160 (Alcan).
2. G.-L. Fonsegrive, p. 250. *Psychologie de la volonté* (Picard et Kaan).

« Toute la question du libre arbitre, écrit William James, se résume en celle-ci : l'apparente indétermination qui précède nos volitions, est-elle, oui ou non, une illusion ? »

Il conclut négativement : « parce que si le libre arbitre existe, il serait absurde que sa croyance nous fut imposée fatalement. A considérer les choses à fond, on est plutôt porté à penser que le premier acte d'une volonté doublée de liberté doit être de croire à la liberté elle-même [1]. »

S'il n'en est pas ainsi, si la notion du libre arbitre est une de celles qui ont été le plus attaquées, ne serait-ce pas parce que les mots de liberté morale et de responsabilité éveillent l'idée de comptes à rendre à Dieu, à la société, à la conscience, et avec elle tout un monde de pensées austères ?

[1]. William James, *Principles of Psychology* (Macmillan, London, 1901).

Il est infiniment plus commode de s'écrier avec les fatalistes : c'était écrit ! et d'accuser le Destin des erreurs, des fautes et de leurs conséquences ; ou avec les déterministes de s'en prendre à la causalité et aux courants cérébraux.

En fait, il y a entre ces deux systèmes une quasi-équivalence de résultat : j'ai par exemple, à corriger une enfant paresseuse ; je n'essaierai même pas si je suis fataliste, rien ne pouvant empêcher ce qui doit être ; si je suis déterministe, je ferai ce qui est en mon pouvoir : les causes antérieures produiront leurs effets, parmi lesquels ma tentative aura sa part ; même en ce cas, ma responsabilité sera minime ; et dans aucun, l'enfant n'en aura la moindre.

Il est certain que l'éducation de la volonté ne saurait avoir pour base de pareilles doctrines, qui sont la négation même de notre

entreprise. Nous croyons à notre liberté morale et à celle de nos élèves ; et c'est pour
cela que nous cherchons à en apprendre le
bon usage et à l'enseigner aux autres.

Mais, nous dira-t-on, les idées religieuses
dont vous faites profession s'opposent à
votre croyance de liberté et la détruisent.
Puisque Dieu est parfait et que, comme tel,
il connaît d'une manière infaillible, à l'avance,
les actes humains, ces actes sont nécessaires.

Nous répondons : Dieu n'est pas dans le
temps, ni dans la durée ; Il voit tout d'un
acte unique, sa prescience n'est donc qu'une
vision immédiate. Or, la vision immédiate
d'un acte ne peut le rendre nécessaire.

Si, par impossible, assistant à la planta-
tion d'une forêt, je pouvais en voir, d'un seul
coup d'œil, pousser les feuilles, croître les
branches, se tordre ou s'arrondir les arbres

pendant des siècles et des siècles, je n'en favoriserais pas davantage la culture, ni ne la gênerais pas plus que si je traverse la forêt chaque printemps, le spectacle simultané n'étant comme le spectacle successif, qu'une simple vision.

L'objection de la *prescience] divine*, pour être la plus répandue, n'est pas la seule que l'on oppose à la doctrine du Libre arbitre ; mais ce serait dépasser les bornes de cette simple étude que de les approfondir et même de les aborder toutes. Le temps, la compétence, les connaissances et les mots techniques nous feraient également défaut. Que dirait-on d'ailleurs, d'une femme qui entreprendrait de raisonner sur la prémotion et la prédétermination physique, et de disserter sur ces questions transcendantes ? Au moins nous sera-t-il permis, sans être pédante, d'avoir lu et de citer Bossuet, de nous

tenir pour satisfaite de ce qu'il sait et de ce
qu'il croit, et de conclure avec lui : « Si nous
avions à détruire la liberté par la Providence
ou la Providence par la liberté, nous ne saurions par où commencer, tant ces deux choses sont nécessaires et tant sont évidentes et
indubitables les idées que nous en avons.
Quelque difficulté qui survienne, quand on
veut les concilier, il faut pour ainsi parler,
tenir fortement les deux bouts de la chaîne,
quoiqu'on ne voie pas toujours le milieu, par
où l'enchaînement se continue [1] ».

Nous croyons donc au libre arbitre ; et
puisque nous sommes libres, il nous appartient à nous-mêmes et à nos enfants de le
devenir toujours davantage, en nous ren-
dant maîtres de nos passions, de notre corps,
de nos habitudes, de notre caractère, en un
mot. Cependant, l'expérience nous enseigne

---

1. Bossuet, *Traité du libre arbitre*, ch. IV.

que cette puissance, qui nous libère de plus
en plus, peut être entravée ou diminuée par
diverses causes ; les unes inéluctables, telles
que les lois de la nature et les conseils de
la Providence, les autres qu'il dépend essentiellement de notre volonté et de celle des
éducateurs, de combattre et d'éloigner.

Dans cet ordre d'idées, on attribue une
importance réelle, peut-être exagérée, aux
maladies de la volonté.

IV

Quand il s'agit de notre faculté maîtresse,
il y a des nuances infinies entre la maladie véritable de la volonté, qui appartient à la
thérapeutique, et celle qu'il dépend de nous
de prévenir ou de guérir ; jusqu'à celle enfin
qui n'est qu'un prétexte, conscient ou non,
d'abdiquer le gouvernement de soi-même.

Ces nuances ressortissent des causes de la maladie, du degré auquel elle nous atteint, des conditions de son développement ; elles vont de l'ordre moral le plus élevé et le plus délicat, des plus légers défauts de notre caractère et de notre organisme aux lésions les plus graves du cerveau humain.

Les germes morbides existent quelquefois dès la première jeunesse : « voilà deux maladies de l'âme de l'enfant, écrit le Dʳ Maurice de Fleury ¹, impulsion trop vive avec manque de frein, excès de réflexion avec paralysie de l'action. »

Sont-elles donc héréditaires ? et quelle est l'exacte influence de l'hérédité sur ces affections ?

« Si les parents sont atteints de lésions graves, cette hérédité est très redoutable,

---

1. Dʳ Maurice de Fleury, *Corps et âme de l'Enfant* (Colin, 1899)

mais il y a certains degrés de maladies de la volonté qui constituent ce qu'on peut appeler une hérédité moyenne et celle-ci peut être modifiée très largement, d'abord par des croisements intelligents, puis par une surveillance médicale continuée pendant l'enfance et la jeunesse, des soins bien dirigés au développement, une hygiène physique judicieusement comprise ; et par une éducation psychique donnée avec discernement, avec une attention toute particulière [1]. »

Si l'on peut combattre victorieusement des dispositions aussi graves, combien aura-t-on plus de force sur les maladies de la volonté qu'on peut appeler acquises et qui sont la suite d'émotions violentes, de surmenages intellectuels, du manque de sommeil, du défaut d'occupations.

Elles atteignent soit le rôle passif, soit

[1]. Professeur Grasset (Montpellier).

l'activité de la volonté par la multiplicité des
images et la violence des passions; ou d'autre part, par l'affaiblissement des volitions,
amenant ainsi l'impossibilité d'avoir une
volonté efficace, pratique et exécutive — au
point qu'on en arrive, dit Richet, à ressembler aux tout petits que l'on fait rire aux
éclats quand ils ont encore sur la joue des
larmes qu'ils viennent de répandre; ou bien
à demeurer hésitant soit au seuil de sa propre maison, sans pouvoir entrer ou sortir,
soit en face d'un verre d'eau qu'on ne sait
ni prendre ni refuser, par incapacité de se
déterminer.

Les médecins prononcent sur toutes ces
choses des noms savants et barbares [1], et
cherchent à décongestionner le foie ou à
suggestionner le cerveau, c'est leur affaire;
la nôtre est de lutter courageusement contre

---

1. Aboulie, paraboulie, métaboulie, phobie, neurasthénie.

toutes ces tendances et d'enseigner à nos
malades, à ceux qui craignent de le devenir,
que leur faculté d'action peut s'accroître
par des efforts répétés et grandissants à
mesure que la volonté que nous avons laissé
s'atrophier reprendra ses forces et arrivera
à s'exercer de plus en plus. Je connais une
charmante femme qui avait employé pour
se guérir le joli moyen d'écrire et de placer
près d'elle en les relisant à chaque instant
ces simples mots : « Je puis guérir, je veux
guérir, avec l'aide de Dieu, je guérirai. »
C'est à faire pénétrer des pensées et des
sentiments semblables chez nos malades que
nous devons employer notre propre volonté.

Il nous appartient aussi dans une large
mesure de modifier le terrain favorable aux
maladies de la volonté, que les mœurs et les
théories modernes préparent tout autour de
nous. Partout en effet, la doctrine du moindre

effort, l'habitude de tout sacrifier à une
satisfaction immédiate et prochaine, condui-
sent nos concitoyens à une effroyable amoralité. Le bien et le mal, est-ce que cela
existe? Ce sont de bien grands mots! On
les prononce le moins souvent possible.

Le théâtre et la conversation sont le reflet
visible de ces sentiments. Ce n'est généralement, surtout depuis la guerre, pas précisé-
ment mauvais, ce n'est pas bon non plus; c'est
gentil, c'est bien tourné, c'est agréable :
une heure charmante et rien de plus !

Ainsi on est mûr pour ces vies sans convic-
tions, sans sérieux, sans devoirs dont on se
dégoûte si aisément. Au moindre choc, à la
moindre déception, on se plonge dans un
abîme de tristesse et de découragement qui
ne permet plus de jouir de quoi que ce soit;
on se prive d'air, de lumière, de mouvements,
on ne peut supporter la présence des plus

chers amis, des plus proches parents — jusqu'à ce qu'on en arrive à mépriser la vie, à la compter pour rien !

Un jeune homme ayant tout ce qu'il faut pour être heureux, devenu neurasthénique, refusait de prendre les soins nécessaires. « Si vous ne guérissez pas, lui di t le professeur Grasset, vous pouvez mourir ». « Qu'importe ! osa-t-il répondre, cela m'est bien égal ! »

Eh bien ! C'est à apprendre le prix de la vie aux jeunes qui sont à nous, que nous avons à travailler. Inspirons-leur la conviction profonde qu'elle est digne d'être vécue, plus ou moins il est vrai, suivant ce que l'on sait en faire ; enseignons-leur que les vies individuelles ont le devoir de concourir à la vie universelle suivant leurs possibilités différentes ; et que, par conséquent, le devoir et l'action sont toujours plus ou moins en notre pouvoir.

V

Est-ce donc à un peuple de héros qu'on ose parler d'erreur, de faiblesse, d'amoralité, qu'on prêche enfin? Il s'agit d'admirer!

Si nous sommes malades, c'est que nous avons trop souffert, trop travaillé.

Voici la gloire qui passe! il faut s'incliner et se taire ; le reste ne nous regarde pas.

Le *Reste* n'exclut pas le respect et la fierté patriotique ; mais c'est la leçon d'hier et la leçon de demain. Aucun héroïsme, aucune gloire présente ne peut empêcher d'entendre sa voix.

Ceux qui habitent aux bords de la mer connaissent les redoutables splendeurs des tempêtes, les gloires des sauvetages, les généreux courages qui se sacrifient à la préservation des vies humaines.

Grâces à Dieu, ces incidents ne durent pas ;
la vie de tous les jours ramène les barques
tranquilles, les courriers des échanges et des
voyages, que d'autres dangers menacent
d'ailleurs aussi, dans leur route. Ainsi en
va-t-il des années et des races humaines ! Si la
nôtre se retrouve debout aux heures graves
des grandes guerres et des grandes injustices
sociales, si nos soldats savent marcher gaiement à la mort, et nos grandes dames aller
au supplice en souriant, si même depuis
quelques mois, bien des œuvres à l'arrière
ont été dignes de celles du front, est-ce à
dire que nous ayions toutes les vertus ?

Les eussions-nous toutes pour apanage,
leur premier effet serait de nous faire sou-
venir et prévoir ; et, dans ce monde où rien
n'est parfait, de reconnaître ce qui a manqué
à notre passé pour mieux préparer l'avenir.

Prenons donc dans nos mains les coupes

pleines du sang de nos martyrs, et des larmes des mères; et après les avoir élevées vers le ciel comme un suprême hommage, répandons-les sur notre sol déchiré, pour que les fleurs et les fruits de la Paix puissent y germer à leur tour !

CHAPITRE II

LA FEMME CONTEMPORAINE AU FOYER

I

Notre volonté, pour être libre, n'est pas cependant le moins du monde une arme que nous puissions tous manier avec dextérité, lorsque le moment vient de s'en servir : il y faut l'exercice ; et pour cet exercice, la connaissance de tous les ressorts. De plus, chacun de nous apporte, en naissant, un ensemble de dispositions, de penchants, quelquefois de tares, qui influent sur notre volonté, qui opposent une force contraire aux élans de notre activité libre : ce sont des ennemis que nous devons combattre.

Il y a donc une éducation nécessaire de la volonté, et il semble bien qu'elle s'impose de plus en plus aujourd'hui.

Mais, dira-t-on, est-ce que nos contemporains, d'une culture plus universelle, plus éclairés, plus affranchis de préjugés et d'entraves, ne sont pas plus libres de vouloir et plus aptes à le faire que ceux qui les ont précédés? L'indépendance dont ils jouissent tous dès leur plus jeune âge, l'âpreté de la lutte pour la vie que le plus grand nombre connaît de très bonne heure, ne sont-elles pas la meilleure école pour leur volonté?

Il se trouve que l'expérience donne à cette question une réponse négative. Ces existences, ballottées d'un caprice à l'autre, cherchant des guides et des lois infiniment plus basses que celles dont elles ont été affranchies, présentent généralement peu d'unité;

et bien que fixées dans un individualisme très étroit, n'arrivent à rien moins qu'à être satisfaites de leur sort. Que si ces vies s'associent à d'autres, et subissent comme une sorte d'engrenage les directions que la coutume, l'amitié, l'entraînement leur imposent ; aussitôt que la corde se détend et que, s'échappant par la tangente, elles se retrouvent elles-mêmes, elles retrouvent en même temps leur faiblesse, leur inertie, leur incapacité de vouloir, leur horreur pour tout effort prolongé.

La question de l'éducation de la volonté est donc à l'ordre du jour. Elle a été l'objet d'études approfondies par des maîtres compétents, qui, sous une forme intéressante, ont dit avec autorité ce qu'il y avait à dire. Si on s'est peu occupé des femmes dans ces diverses œuvres, c'est que cela paraissait, au premier abord, de moindre importance.

Il suffira pour apprécier la question, et certainement changer d'avis, de jeter un coup d'œil sur la situation actuelle des femmes au regard de leur personnalité, au foyer, et dans l'état social.

II

Nous prenons ici le mot personnalité dans le sens que les Anglais donnent à celui de « character » ; c'est comme la figure morale d'un individu, ce qui le distingue d'un autre, et lui donne une physionomie particulière.

Si on accepte cette définition, on peut dire que la plupart des femmes, à l'heure actuelle, ont peu ou point de personnalité. Ce ne sont pas elles qui dirigent leur vie suivant leur conscience et leur raison ; les meilleures se laissent mener par toutes les forces vives qui s'agitent autour d'elles ; comme si elles

n'étaient pas responsables vis-à-vis de Dieu,
des leurs et d'elles-mêmes, comme si leur
seul devoir était de suivre le courant et
d'être pareilles aux autres personnes de
leur milieu.

Est-ce le résultat du flot démocratique et
égalitaire qui nous submerge ? Est-ce le fruit
de notre éducation superficielle et éparpil-
lée ? Mais il y a une tendance de plus en
plus marquée à se couler dans un moule
uniforme, à regarder l'heure à la montre
de son voisin. Malheureusement, le moule
est mauvais et la montre ne va pas bien.
Le devoir serait donc de réagir ; mais c'est
ici même qu'apparaît la faiblesse de la
volonté chez les femmes ; elles se refusent à
la réaction !

Là où le plus vulgaire penseur, tant soit
peu attentif au mouvement des idées et des
choses, constate que l'anarchie complète

règne dans les esprits, qu'elle bouleverse la démocratie française, qu'elle met en péril la raison humaine, la femme la plus intelligente se borne à gémir et à proclamer son impuissance, non seulement à intervenir dans sa sphère, mais à se défendre elle-même sérieusement.

Elle considère presque comme des vertus ses timidités, ses hésitations, ses compromissions ; elle se rattache avec ardeur à tous les usages féminins qui la sauvent de la solitude et des responsabilités ; « comme si l'obstination de la routine à vouloir toujours bêcher le même carré de terre avec la même vieille pioche, n'était pas en train de tout perdre chez nous [1]. »

« Cependant les femmes du monde, presque dès l'enfance, ne s'occupent que de

---

1. Vicomtesse d'Adhémar, *La femme catholique et la démocratie française,* p. 163 (Perrin).

parer et d'orner leur corps, de faire valoir
leur beauté, de s'entourer des raffinements
du luxe ; elles ne se plaisent qu'à la lecture
des romans ou des poésies amoureuses, à la
fréquentation des théâtres, des concerts, à
l'étude des rôles qu'elles jouent elles-mêmes
devant le public. De là, une fainéantise complète ; de là, l'idolâtrie du moi ; de là, une
gourmandise sans limites [1] ».

Celles qui valent mieux que ces occupations frivoles se croient obligées à leur consacrer une grande partie de leur vie, pour
fuir les critiques, pour agir comme les autres, pour suivre les lois essentiellement
conventionnelles de leur entourage.

Et leur religion ? N'en ont-elles point, ou
repoussent-elles ses enseignements ? Là
encore l'ignorance et la passivité règnent
beaucoup trop souvent chez nos contempo-

---

1. Abbé Naudet, *Pour la femme*, ch. X, p. 275 (Fontemoing).

raines ; il est de bon ton et de bon goût
d'aller à l'église, d'être bien pensante, et de
faire certaines œuvres ; mais s'instruire solidement sur les vérités qu'il faut croire, former, en s'éclairant sur ses devoirs, sa propre
conscience, non certes ! on la fuirait plutôt
avec ses inquiétudes et ses reproches, si
l'on pouvait en rejeter véritablement le far-
deau sur quelqu'un. « Il est infiniment plus
commode de mettre sa religion dans certaines
pratiques, que d'en suivre les véritables lois,
austères, quelquefois dures. Il s'agit donc de
biaiser, de louvoyer autour du péché, de ne
jamais le commettre tout en le frôlant et en
ne se privant point. Aussi quelle éloquence
elles (les femmes) déploient pour me rassu-
rer sur le caractère pénitent de la poule
d'eau[1] ! »

« Du moment qu'elles assistent à la messe

1. Abbé Naudet, *Pour la femme*, ch. X, p. 27 (Fontemoing).

du Dimanche, et font leurs Pâques, elles
pensent que tout leur est permis, et, dès
lors, leur plus sérieuse préoccupation est
moins de ne pas offenser le Christ que de le
désarmer par de basses ruses. Elles médi-
sent, lèsent grièvement le prochain, lui refu-
sant toute pitié et toute aide, et elles s'en
excusent comme de fautes sans importance ;
mais manger gras le vendredi, c'est autre
chose ; elles sont convaincues que le péché
qui ne se remet point est celui-là [1]. »

La piété, ainsi comprise, peut être jusqu'à un certain point agréable à Dieu, puisqu'elle est de bonne intention, mais combien
elle fait de mal aux hommes, combien elle
s'éloigne des enseignements de l'Evangile [2].

[1]. Huysmans, dans sa *Cathédrale*, prête à l'abbé Grévesin ce
langage, hélas ! trop exact.

[2]. Qu'on nous permette de citer un fait raconté par Mgr Dupanloup, dans son beau livre de *l'Education des Filles* ; il me
paraît achever de donner la note de cette dévotion à côté aussi
frivole que peu chrétienne : Le grand évêque d'Orléans se trouvait
en chemin de fer, seul dans son compartiment, mais tout voisin

On s'appuie aussi sur cette religiosité pour justifier les sorties sans nombre dont le prétexte est l'Eglise ou les réunions de charité, et la vraie raison, le besoin d'extériorité. Rien ne paraît meilleur ou tout au moins plus innocent que ces multiples œuvres pies : mais qu'il vaudrait mieux souvent rester chez soi et y remplir tout simplement ses devoirs de femme, de mère, de maîtresse de maison !

Je sais bien que les choses aussi se transforment et que les occupations féminines

d'un autre où se rencontrait un grand nombre de jeunes pensionnaires allant en vacances ; et il fut fort étonné de les apercevoir jeter par les fenêtres de leur wagon une multitude de petits papiers qui, après avoir voltigé en l'air, volaient sur la voie ; l'un d'eux fut même porté par le vent dans son compartiment. Il y lut des paroles pieuses, excellentes d'ailleurs. « A la prochaine station, dit-il, je demandais quelques renseignements à l'une de ces enfants : on n'avait trouvé rien de mieux à leur conseiller pour conjurer les malheurs de la religion et consoler l'Eglise, que de leur faire copier par milliers des paroles semblables et de les leur faire jeter au vent sur toutes les routes ; c'était le moyen qu'on avait trouvé pour convertir les pécheurs, arrêter les impies et glorifier le Seigneur. » — Mgr Dupanloup, *Education des Filles*, p. 413 (Pierre Tequi).

d'autrefois ne sauraient être celles de nos filles. Les travaux de couture, de confection, de blanchissage, se font à meilleur marché au dehors, le mauvais esprit du plus grand nombre des serviteurs nous interdit les surveillances de détail. Alors la porte s'ouvre, et l'on part à la recherche des distractions.

Depuis la femme du peuple qui garde son métier de jeune fille, et préfère travailler à l'atelier ou à l'usine parce qu'elle s'ennuie à la maison, jusqu'à la petite bourgeoise qui passe son temps au cinéma ou dans les grands magasins; jusqu'à la grande dame dont les sports, les relations, les plaisirs de tout ordre, les comités de toute espèce, absorbent chaque instant, toutes fuient à l'envi leur demeure.

Comment, disent-elles, n'en aurions-nous pas le droit? La vie a bien assez d'heures mauvaises et de difficultés pour que le temps libre soit employé en choses agréables ; et, si le mari reste seul parce qu'il se refuse à les suivre dans le monde ou en voyage, pourquoi s'en inquiéterait-on ? Chacun doit agir suivant ses goûts et vivre sa vie : on se retrouve ensuite, à ce qu'elles assurent, de meilleure humeur et plus volontiers !

Il est vrai que chez beaucoup de femmes le raisonnement n'a pas cette forme claire ; plusieurs d'entre elles ont tout au fond le désir d'être utiles, la bonté, le dévouement ; elles préfèreraient, certes, que le courant les emportât vers le bien au lieu de les entraîner vers la frivolité et la sottise. Elles l'ont bien prouvé en se dévouant à toutes les œuvres héroïques que la guerre a enfantées. Seulement, dans les temps et les milieux ordinaires, ces mêmes femmes ne sachant pas vouloir par elles-mêmes, et d'ailleurs ignorant ce qu'elles veulent, laissent s'écouler les heures précieuses de leurs vies inutiles, comme de l'eau qui se perd et ne sert de rien.

Hélas! cette eau ravage quelquefois; les natures les plus riches, les mieux douées, les plus intéressantes ne sauraient dépenser ainsi leurs forces dans le vide; quand elles ne sont pas utilisées, elles dévastent.

« O ma grandeur, ô ma force, écrit George Sand, vous avez passé comme une nuée d'orage, et vous êtes tombées sur la terre pour ravager comme la foudre. Vous avez frappé de mort et de stérilité tous les fruits et toutes les fleurs de mon champ; vous en avez fait une arène désolée et je me suis assise toute seule au milieu des ruines! »

Le clan des émancipées est peuplé de ces malheureuses que l'inertie, la faiblesse de leur volonté, l'entraînement, ont fait des-

cendre d'échelon en échelon, de la futilité,
du désœuvrement, à l'amour du plaisir, au
mal lui-même ; victimes d'ailleurs d'une
éducation qui, surtout dans les classes élevées, ne mérite souvent pas même ce nom,
tant elle s'est peu occupée de l'âme, de ses
facultés, du développement du vouloir ; seulement de corriger le dehors et de le dresser
suivant la mode. « On apprend aux femmes
qu'elles doivent être surtout belles et gracieuses, et raisonner le moins possible avec
leur propre tête ou avec les impulsions de
leur propre conscience. On leur enseigne à
accepter, sans même penser à la possibilité
d'une discussion, tous les préjugés sociaux
et les maximes élastiques qui faussent le
jugement au point de faire passer la faiblesse pour la bonté, le sentiment de l'hon-
nêteté et de la dignité pour des ridicules,
la femme pour un jouet ou un instrument de

plaisir, la famille à venir pour une chose secondaire qui ne mérite aucun sacrifice préalable, et la jeunesse un temps qui donne le droit de tout oublier au profit du caprice et de la jouissance [1]. »

« Du monde et de la vie, ces jeunes filles n'apprennent rien ; cependant elles seront peut-être mariées demain et transportées dans un milieu tout différent de celui où elles ont vécu : « Pauvres créatures ! comme de l'argile malléable elles passeront des mains des uns à celles des autres, sans que personne se soit soucié ou se soucie jamais de leur donner une forme précise et stable ; de leur verser l'esprit qui en pourrait faire une personnalité [2]. »

Cette personnalité est-elle donc si nécessaire à acquérir ? En fait ce n'est pas ce

1. Giacomelli, *Sur la Brèche*, p. 96 (Perrin).
2. *Id.*, p. 155.

qu'on recherche dans l'éducation des jeunes
filles; on prétend seulement les élever pour
le mariage, qui est la destinée de toutes les
femmes. Il serait plus exact de dire qu'on
ne les élève que pour qu'elles trouvent un
mari, et ce n'est pas la même chose.

Dès le pensionnat, le cours, où on étudie
sans ordre tant de matières que la mémoire
s'encombre tandis que les idées restent légè-
res, toutes les petites passions s'agitent déjà
vers ce but avoué. C'est bien pis quand l'éducation achevée, on entre dans le monde; et
les premières robes longues ne sont pas
encore prêtes, qu'on commence à se préoccuper du mariage, non pour y préparer
dignement, mais pour achever de monter la
tête des jeunes filles. On ne leur dit jamais :
Si tu te maries, mais toujours : quand tu te
marieras! Le mariage devient une chose
indiscutable, indispensable, une condition

de bonheur et de dignité. C'est pour cela qu'il faut chercher le mari à tout prix [1] « au bal, à la promenade, à l'église, partout où l'on s'en va, semblable à une marchandise que l'on promène pour la faire voir. C'est pour cela aussi que la mère aide la fille de ses conseils, les jeunes amies de leurs exemples, les vieilles amies de leurs enquêtes et de leurs flatteries. »

Il y a bien un autre genre d'éducation qui ne se place pas au point de vue du mariage, en ce qu'elle prépare autant à l'union libre et au divorce qu'à la conquête d'un mari. Ce qu'il y a de plus triste, c'est qu'il blesse, c'est qu'il corrompt celles qui peuvent le moins se défendre; car, au nom de la loi et sous prétexte de neutralité, c'est à l'enseignement primaire qu'il s'impose davantage.

1. Giacomelli, *Sur la brèche*, p. 154 (Perrin).

Mais il attaque aussi les autres et nos modernes jacobins ont osé faire des lycées de jeunes filles des foyers d'idées areligieuses et amorales. Bien plus, dans le milieu où s'élaborent les directions à donner aux professeurs, on avoue la campagne entreprise contre les notions fondamentales, telles que l'indissolubilité du mariage. Dans un discours aux femmes professeurs de lycées, un moderne célèbre, faisant allusion à ces tristes enseignements, a osé dire : *votre devoir est d'orienter les âmes vers cet ordre nouveau !*

Ce triste appel, si plein de menaces, a déjà été réalisé dans beaucoup d'écoles primaires ; hélas! en attendant de s'adresser plus haut. Il incite à un apostolat à rebours, auquel nous ne pouvons répondre qu'en opposant école contre école, auquel nous devons répondre aussi en éloignant de tout notre pouvoir et de toutes nos forces, de pareilles influences, non seulement les enfants que nous aimons, mais toutes celles pour lesquelles la simple solidarité féminine nous inspire quelque pitié.

III

Quand les oiseaux du ciel pensent à faire un nid, c'est le rossignol qui s'en met d'abord en peine : lui qui chante et fait le beau, et pour bien parler, les avances ; ce qui n'empêche pas sa gentille compagne d'être gracieuse et accueillante, même quelque peu coquette, à ses empressements.

Mais nous avons vu que dans l'espèce humaine, par le temps qui court, c'est au contraire la femme qui recherche et le mari qui se laisse cueillir. Il ne pense même à créer un nid que sur le tard, après avoir épuisé ses ambitions et ses plaisirs ; et bien

souvent, pour cette entreprise, il se préoccupe surtout de trouver celle qu'il veut bien
honorer de son choix, déjà pourvue de tous les
brins de mousse nécessaires à la construction.

Ainsi, le mariage, qui commence la vie
d'une femme, achève celle de son mari,
quand l'homme ne s'est pas refusé systématiquement au lien conjugal par amour de sa
prétendue liberté, par peur des charges du
ménage (comme si celles des faux ménages
n'étaient pas encore plus lourdes). Il s'effraie
aussi de la compagne probable que les temps
actuels lui ont préparée. Sur ce point il n'a
peut-être pas tout à fait tort. Verlaine a dit :

« L'humble vie aux devoirs ennuyeux et faciles
Est une œuvre de choix qui veut beaucoup d'amour. »

Or, si aucun des époux n'apporte d'amour,
et c'est admis comme très fréquent, la jeune
femme n'apporte pas davantage le goût d'une

humble vie et des devoirs ennuyeux. Après
avoir rêvé un mari, et justement parce qu'elle
l'a rêvé au lieu de le prévoir, elle est à peine
contente de la vie qu'il peut lui offrir, de ce
qu'il est, de ce qu'il fait ; et, dans quelques
milieux une mentalité très inférieure a pénétré, qui mesure la bonté d'un homme aux
dépenses qu'il fait ou qu'il autorise ? De plus
les habitudes de mollesse, de gâteries, qu'on
a données à la jeune fille, lui font trouver
durs, quand elle est mariée, tous les travaux,
dorloter avec exagération tous les malaises,
et se plaindre particulièrement de ceux que
la maternité lui impose. Ce dernier abus,
qui est pratiqué depuis quelques années par
les femmes du peuple, et même par celles
de la campagne, est certainement une des
causes qui restreignent le nombre des mariages et celui des naissances. Un peu de
courage, de volonté tendue vers le devoir et

les joies de la maternité, une bonne hygiène
à la fois moins compliquée et plus normale
que celle qui est usitée généralement, au
raient promptement raison de cette situation
regrettable.

Les hommes qui se marient demandent
à celle qu'ils ont choisie, *presque toujours*, de
ne pas trop différer des bonnes amies d'autrefois. Dans les temps antédiluviens du
second empire, tout Paris avait flétri la
parole d'un nouveau marié de grand nom à
ses anciens compagnons de plaisir, qu'il invi-
tait à déjeuner : « Vous pouvez parler librement devant ma jeune femme, disait-il, je l'a i
habituée à tout entendre. » Maintenant, on
ne s'étonnerait pas plus d'un propos semblable, qu'on ne s'étonne de voir, dans les
endroits les plus scabreux, un jeune ménage
assis à la table voisine de celle où s'installent
des mômes célèbres.

L'ouvrier a, dans son cadre, la même conception ; il veut de plus, une ménagère, presque une servante ; l'homme du monde se contente de demander une gracieuse maîtresse de maison. Tous deux se retrouvent d'accord pour ne vouloir qu'un ou deux enfants, pas davantage ; pour ne se reconnaître que peu ou point de devoirs vis-à-vis de leur jeune femme, et se désintéresser de son âme, de la vie de son esprit et de son cœur.

Deux phrases dites devant moi, donnent bien la note de cette mentalité : un de mes jeunes amis, interrogé par sa femme sur un roman qu'elle voulait lire, se récriait en souriant : « Mais, ma chère, qu'avez-vous donc à me consulter sur vos lectures ? je n'ai ni le loisir ni le goût d'être votre professeur ! — Un blessé, homme du peuple, félicité sur la disparition d'une cicatrice, répondait à son infirmière : « Que m'importe ! je n'ai plus à m'inquiéter de plaire à personne, puisque je suis marié ! »

Pour quelques-uns des meilleurs et des plus cultivés des maris, cette disposition s'aggrave d'une sorte de scrupule à faux, très favorable d'ailleurs à l'égoïsme masculin ; et, sous prétexte de ne pas attenter à une liberté chimérique, on ne donnerait pas un conseil, s'il n'était pas formellement demandé.

« Dans de semblables conditions, la sécurité, la stabilité, la dignité de l'institution familiale sont, nous le savons tous, en butte à certains périls ; de ces périls quelques-uns sont en nous-mêmes, créés par le cœur. La famille, quand aucun idéal supérieur ne la soutient, est menacée par certains soubresauts d'indépendance, par certains caprices du cœur. »

« Créée pour l'amour, elle périclite parfois
au nom de la liberté même de l'amour. Puis
des théories surviennent ; impatientes d'une
sanction législative, pour affirmer cette liberté et pour dissoudre la famille ». [1].

C'est alors que l'institution du divorce
achève de ruiner l'édifice déjà si fragile du
foyer domestique moderne. La femme sait
qu'un jour ou l'autre, l'infidélité de son mari,
la convoitise d'une amie, peuvent la chasser
de chez elle et lui enlever jusqu'à son nom :
et malheureusement, elle n'ignore pas davantage qu'elle peut fuir les devoirs qui lui
pèsent, et le conjoint qui a cessé de plaire,
pour aller à de nouvelles amours, que la loi
fera légitimes.

Dans cet état de choses, que deviennent
les enfants, le peu d'enfants qui demeurent

1. Lucie Félix-Faure Goyau, allocution au 1ᵉʳ congrès inter-
national d'éducation et de protection de l'enfance dans la famille.
Liége, septembre 1905 (*Compte rendu des séances*, p. 37).

en France ? Alors que les savants prétendent
assurer la conservation de ce petit nombre par
des leçons de puériculture, ne vaudrait-il pas
mieux leur conserver un abri stable et pro-
tégé sous le toit qui les a vu naître, entreles
bras de parents unis indissolublement? Mais
il n'y a remède : la loi mauvaise est là et après
avoir pénétré par les faits, elle commence à
s'introduire dans les mœurs et l'opinion.

Cependant, la pensée et l'amour de l'enfant sont encore les seules barrières capables d'arrêter un grand nombre de femmes
dans leur évasion hors du mariage ; ces sentiments sont aussi le plus fort lien des unions
normales et le ciment qui rejoint les pierres
ébranlées du foyer moderne pour en faire
encore un abri sûr et doux.

En fait de tendresse, de dévouement, d'abnégation, l'amour maternel n'a rien à apprendre ; mais sur les autres points il a

cependant, comme toute chose humaine, ses imperfections et ses lacunes que la faiblesse de la volonté des mères et leur ignorance, les rendent impuissantes à conjurer.

« D'ailleurs, sans nier les inspirations de l'amour maternel, il faut prendre garde que l'amour aveugle aussi souvent qu'il éclaire, et que l'inspiration a besoin pour s'épanouir avec efficacité, de se soumettre à une discipline » [1].

C'est à l'heure actuelle ce qui manque le plus; beaucoup de jeunes mères croient avoir rempli tous leurs devoirs en souriant à la petite enfance de leurs bébés, et en les confiant pour le reste, au moins dans un certain monde, à une *nurse* plus ou moins stylée.

Les enfants grandis, on remet les garçons aux mains des hommes ; cela regarde le père

[1]. Lucie Félix-Faure Goyau, *L'Education des enfants* (*Femina*, 1ᵉʳ mai 1908).

maintenant, et on s'en tire avec des phrases
comme celles-ci : ces chers petits, que de
choses ils ont à apprendre ; ils ont besoin
de repos, de tendresse et de liberté. La mère
leur assure de tout son cœur les deux premières choses ; pour la liberté, Dieu sait
s'ils en ont !

Quant aux filles, on les soumet volontiers
à ce que le P. Sertillanges appelle un dressage savant. Cela consiste à leur apprendre
à se tenir, à s'habiller, à prendre, en toute
circonstance, l'attitude convenable. Même à
l'église, elles seront parfaitement correctes ;
la tête baissée ou inclinée dans leur main,
suivant les cas. Les raisons qu'on leur donne,
pour les faire agir : Ceci se fait ; cela ne se
dit pas ; les enfants de Madame X... ou de
Madame A... ont adopté cette mode, vont à
telle réunion. Et c'est pour des motifs du même
genre que l'on choisit les cours, le pension-

nat, les professeurs ! « des pensionnats qui décident qu'il n'y a pas de salut en dehors de l'instrument appelé piano, des institutrices qui font consister toute la perfection de la nature humaine dans l'art de tirer la révérence, de porter des cols élégants, et de suivre des cours de diction [1] ».

Voilà l'éducation finie et la mère fière de son œuvre !

Si cette enfant se marie, quelle chance aura-t-elle d'être heureuse et d'être utile ?

Sait-on bien qu'avant la guerre européenne, en France, le nombre des femmes était inférieur de 200.000 à celui des hommes ? qu'une foule d'hommes, pour diverses raisons, demeurent obstinément célibataires ? qu'enfin, les terribles brèches que le canon fait en ce moment dans la population mascu-

1. Tolstoï, *La liberté dans l'école* (Paris, Stock, 1905).

line, ne peuvent qu'aggraver cette situation, déjà si menaçante ?

Et si la jeune fille dont nous parlons est du nombre de celles qui ne trouvent pas à s'établir, quelle vie douloureuse, cruelle même, la pauvre mère si tendre, mais si imprévoyante, ne lui aura-t-elle pas préparée? Pour certaines d'entre elles, d'ailleurs « arrivera l'heure où les lourdes charges de la vie obligent la famille à les laisser partir [1] » et, comme elles seront mal armées pour le dur *struggle for life !* Quant à celles que la nécessité ne chassera pas du foyer, il leur faudra bien aussi en sortir ; car l'égoïsme ambiant ne laisse de place, dans la famille aux isolées, que dans une situation secondaire, précaire et tourmentée, que leur éducation leur rend particulièrement intolérable.

1. Lucie Félix-Faure Goyau, *Protection de la jeune fille.* (*Havre-Eclair,* 10 mai 1907).

L'amour maternel ne suffit donc pas à éclairer et à conduire une mère; il lui faut encore une psychologie des plus délicates, une vision nette du but à poursuivre dans l'éducation des filles, qui est de les élever pour le devoir, non pour la jouissance; pour la vie, non pour le marché matrimonial.

On parle beaucoup, dans les milieux d'enseignement, de l'intérêt qu'il y aurait à donner aux mères des conférences sur tous ces graves problèmes. Si cet essai pouvait être jamais vraiment tenté, il serait forcément très réduit à un petit nombre de professeurs d'élite, à un petit nombre d'enseignées, à un petit nombre de villes; il ferait du bien, mais demeurerait insuffisant.

Je crois fermement qu'il y a d'autres remèdes aux maux dont nous souffrons, que ces remèdes sont en nous-mêmes; et que nous devons, pour les réaliser, nous élever

jusqu'à la poursuite de certaines fins supérieures. Que les éducateurs, que la mère,
soient pleinement convaincus que « l'homme
pour être homme jusqu'au bout » et la femme « pour être une personne » ne doivent
pas se contenter de vivre ; « il (ou elle) doit
consacrer sa vie à la pratique du devoir, à
la recherche de l'idéal, à la communion des
consciences dans l'amour [1] ». De ces hauteurs, les bonnes conclusions pratiques dé-
couleront nécessairement.

1. Emile Boutroux, *Bulletin de la Société Française de philosophie*, février 1909.

CHAPITRE III

LA FEMME CONTEMPORAINE
DANS LA CITÉ

Si nos honorables et déplorables parle-
mentaires pouvaient goûter quelque leçon,
ils en trouveraient une dans l'histoire de
notre état social. Aucun décret n'est intervenu, aucun discours, du moins avant ces
derniers temps, n'a été prononcé ; et cependant nous avons accompli les plus grandes
révolutions.

De l'esclavage antique au gynécée, de la
loi romaine aux invasions des barbares, la
femme est devenue presque une personne
chez les peuples les plus civilisés. Cependant,

à part de glorieuses exceptions, ce n'est pas
son âme ni son esprit qu'on glorifie ; et sa
raison d'être est toujours dans l'antiquité,
ses charmes extérieurs, son corps seulement:
« L'homme la désire sans l'estimer et la
possède sans gratitude ; aimant seulement
en elle la beauté de toutes celles qui semblent
belles et comptant pour rien celles qui n'ont
jamais été belles ou qui ont cessé de l'être[1].»

Le Christ apparaît, tend la main à sa
créature et la relève. Il proclame l'égalité
des âmes, l'égalité des fautes ; sa loi morale
est faite pour tous ! Et dans les siècles de foi,
sur les pas de la vierge Marie, un cortège de
saintes et de saints suit le Christ.

C'est aussi le temps de Blanche de Castille
et d'Isabelle la Catholique, des Hildegarde
et des Gertrude, des abbesses savantes, aussi
bien que des châtelaines lettrées : Dhuoda,

1. E. Lamy, *la Femme de demain*, p. 76 (Perrin).

Alianor, la comtesse de Die et Marie de Champagne.

C'est l'époque de la chevalerie et des troubadours !

Il est vrai que les conditions de la société d'alors, obligée de se défendre contre les barbares, puis contre les Maures et les autres enfants du Prophète, limitent singulièrement le rôle social des femmes, et que nos ancêtres, occupés toute leur vie à guerroyer, devaient faire des compagnons assez rudes et autoritaires, quand, dépouillant quelque jour leur lourde armure, ils se retrouvaient dans l'intimité.

Tout nous porte à croire cependant que cette évolution se serait achevée dans le sens chrétien de l'égalité morale et politique des sexes, avec *différence d'attributions*, sans la Renaissance et la Réforme. Quoi qu'on en ait dit, l'Eglise était favorable à l'instruction des femmes et ne leur refusait pas certains droits sociaux et politiques ; c'est ainsi que nous trouvons, dans ces temps reculés, des femmes à la tête de vastes domaines et de fiefs seigneuriaux sur lesquels elles ont droit de haute et basse justice ; elles jouissent du droit de maîtrise dans plusieurs métiers masculins, et il existe même des monastères d'hommes soumis à l'abbesse voisine. « Les femmes du moyen âge peuvent prétendre aux professions les plus difficiles et les plus intellectuelles. Il y a des professeurs femmes, et on montre encore à Bologne la chaire où se fit entendre l'une d'elles doublement cé-lèbre : elle était si belle que la voir était ne plus l'écouter ; et on a conservé le rideau derrière lequel elle parlait, aimant mieux instruire que plaire[1] ».

Mais le retour aux idées païennes, amené

1. E. Lamy, *la Femme de demain*, p. 96 (Perrin).

par la Renaissance sous les dehors les plus
flatteurs et les plus doux, ramène aussi le
point de vue païen et le culte de la beauté
extérieure, toute de forme, différente de
celle qu'aimait le moyen âge, toute spiri-
tuelle et intérieure.

Par le culte de cette beauté, la joie de
vivre, les jeux du cœur entre personnes que
le devoir sépare, la femme descend rapide-
ment du piédestal poétique où elle était
placée.

Ce n'est pas la Réforme qui l'y fera remon-
ter. Ses initiateurs et leurs disciples pro-
clament le mariage une œuvre semblable à
toutes les œuvres profanes de la vie. Luther
traite d'esprit dangereux le précepteur de
Marie Tudor, qui tenait pour l'instruction
étendue des femmes. Enfin il se trouve à
Wittenberg, dans la seule année 1595, cin-
quante théologiens pour dénier dans leurs

thèses, à la femme, la dignité de personne humaine. Ils sont en cela précurseurs du philosophe Schopenhaüer, protestant aussi, qui définit la femme comme un degré intermédiaire entre l'enfant et l'homme, seul type de l'humanité.

Cependant, et malgré un recul incontestable, le mouvement du progrès féminin reprend sa marche ; mais, de ce fait, il est continué dans une autre direction.

Au sein d'une société de plus en plus policée, les femmes deviennent de plus en plus influentes. Leur pouvoir ne s'exerce pas toujours pour le bien ; mais en face des révoltées de la Fronde, des licencieuses héroïnes des cours de France de l'Angleterre, des soupeuses de la Régence, il y a les femmes auxquelles saint Vincent adressait ces mémorables paroles : « Il y a 800 ans que les femmes n'ont pas d'emploi public dans

l'Église, et voilà que Dieu s'adresse à vous,
Mesdames, pour suppléer à cette lacune. La
collation et l'instruction des femmes à l'Hôtel-
Dieu, la nourriture et l'éducation des enfants
trouvés, le soin de pourvoir aux nécessités
spirituelles et corporelles des criminels con-
damnés aux galères, l'assistance des pro-
vinces et frontières ruinées, la contribution
aux missions d'Orient, ce sont-là, Mesdames,
les emplois de votre compagnie !.... »

Les Sœurs de charité donnent la main à
ces grandes chrétiennes, pendant que dans
les salons, dans les châteaux, dans les écrits
gracieux et légers, d'autres femmes se font
reines. Royauté d'un jour ! dont les actes
dégénèrent trop souvent en frivoles caprices,
et que la République de 92 attend, comme
l'autre royauté, au pied de l'échafaud.

La terrible Marianne ne laisse guère aux
femmes que la liberté de mourir, quand elles

ne se soucient pas de vociférer dans les rues ou autour de la lanterne. Et toute l'Europe, qu'elle met en guerre, reprend le culte de la force ; si bien que Napoléon trouve tout naturel de le consacrer dans son code, aux dépens de la femme. Il lui dénie, non seulement tout droit politique, mais presque tous les droits civils. Traitée en mineure et en incapable, elle ne peut intervenir valablement dans aucun acte public, sans l'autorisation de son mari; celui-ci est non seulement l'administrateur sans contrôle de tous les biens communs, mais il peut encore encaisser le gain et les économies de sa compagne. Bien plus, alors que le père n'est privé de la tutelle que dans des cas d'extrême gravité, la mère peut en être exclue par une simple disposition testamentaire de son mari et perdre ainsi le gouvernement de ses enfants et de leurs biens.

Enfin, au cas d'adultère, la culpabilité et les sanctions, graves pour la femme, sont plus qu'adoucies pour l'homme infidèle.

Tel est en France, depuis un siècle, notre état légal; il est meilleur dans d'autres pays, très élargi même dans quelques-uns, pire en Allemagne; en somme, les différences sont peu profondes en Europe.

Un mouvement d'opinion sans cesse grandissant, réclame un changement de régime : les revendications, justes à la base, quand elles postulent l'égalité des droits là où existe l'égalité des charges, se dispersent dans certains camps sur des terrains où les principes et le bon sens sont attaqués du même coup.

Ces troupes avancées et mal conduites d'un certain féminisme sont un peu de la lignée des déesses Raison; elles veulent renverser les vieux autels pour y monter; et bientôt, si on les laissait faire, ces moder-

nes amazones entreprendraient de gouverner
le monde au lieu et place du sexe barbu.
Pendant qu'elles s'agitent, les meilleurs
esprits, réservant pour plus tard la question
des droits politiques, qui n'est certainement
pas mûre encore, se contentent de demander
le droit de vote pour les femmes chefs de
famille représentant leurs enfants mineurs,
par suite de la mort ou de l'incapacité du
père.

Quoi qu'il en soit de ces graves problèmes,
le fait seul qu'ils sont posés, discutés sérieusement par un grand nombre de personnes
cultivées, par les autorités religieuses et ju-
ridiques, est un événement considérable et
qui mérite toute notre attention.

Il en va de même de la transformation ra-
pide des conditions du travail : là aussi c'est
d'un fait qu'il s'agit !

Les femmes, quittant l'outil, ont abordé

avec succès la profession : elles sont devenues savantes, avocates, doctoresses, em-
ployées de banque ou de commerce. Ce ne
sera jamais qu'une élite qui abordera ces
sommets; et cette élite aura à lutter longtemps encore avec les préjugés, et la juste
concurrence masculine. Il n'y a donc pas
lieu de redouter l'invasion des carrières libé-
rales par les femmes; et d'autant moins qu'il
n'est presque aucune d'elles qui ne soit prête
à faire bon marché de toute sa gloire pro-
fessionnelle pour un mariage selon son cœur.

Reste la grande armée des femmes du
peuple. Quand on examine les difficultés qui
les assaillent, les épreuves morales qu'elles
ont à subir, la modicité de leurs salaires, on
s'explique la hâte des parents ouvriers à faire
évader leurs filles dans les bureaux ou l'enseignement. On s'explique aussi les préoccupations des philanthropes et sociologues.

Là, tout est à faire ou plutôt à transformer :
par une éducation sérieuse et chrétienne des
ouvrières, unie à une instruction profession-
nelle très complète, par la protection efficace et contrôlée contre les mauvaises mœurs
des chefs d'ateliers ; surtout par le transfert
à domicile de tout travail qui peut y être fait,
tels que la plupart des travaux de couture ;
enfin par le soin de retenir aux champs toutes celles que l'on pourra influencer par des
encouragements de toute sorte. Sait-on, en
effet, que la plupart des cultivateurs ne trouvent pas de femmes disposées à les aider aux
travaux agricoles, pas de femmes ayant le
goût et l'intérêt de la terre ? Sait-on qu'il
n'existe pas en France d'écoles ménagères
où on enseigne à mener une ferme, à tenir
une laiterie, à élever intensivement des vo-
lailles ou des abeilles ?

Il y aurait là un champ fécond d'activité

pour les jeunes filles et jeunes femmes des classes élevées, et leur apostolat serait une œuvre sociale de régénération pour elles aussi bien que pour leurs sœurs moins fortunées ; quelques-unes d'entre elles resteraient acquises à la vie de la campagne, et ce serait un grand bien pour l'avenir de notre pays.

En indiquant aux femmes françaises cette carrière nouvelle, il faut bien reconnaître qu'elles en ont ouvert et travaillé d'autres, avec un admirable et inlassable dévouement. Le christianisme est trop profondément enraciné dans notre pays, il y est trop vivant pour cesser toute action visible ou cachée. En attendant de reprendre dans la conscience humaine et au foyer domestique la place qui lui est due et qu'il finira fatalement par reconquérir, il fleurit dans les œuvres sociales, et ce sont les femmes qui soignent ces fleurs et préparent la moisson.

On ne sait pas assez tout ce qui a été fait
en ce genre, tout le saint et courageux travail qui a précédé chez certaines femmes les
sublimités de leurs services d'infirmières. De
pareilles vertus ne s'improvisent pas; et les
personnes qui nous en donnent le réconfor-
tant spectacle se sont dévouées depuis longtemps à toutes les misères physiques et morales qui leur étaient révélées. Il y en a qui,
non contentes d'encourager et de secourir,
se sont installées dans des maisons ouvrières,
vivant de la vie des pauvres femmes qui les
habitent, pour les mieux connaître et les
mieux aider; d'autres qui, devant la persé-
cution religieuse de l'école se sont faites les
institutrices des quartiers où la misère et
l'ignorance paraissaient le plus invincible[1],
où quantité d'êtres humains n'ont jamais
entendu une parole de vérité et de bon sens.

1, Comme à Plaisance entre autres.

Nous avons vu de nos yeux, des femmes, des jeunes filles du monde, non contentes de soigner la mère de famille malade, faire humblement sa besogne, habiller les enfants, arranger le ménage, et arracher au père, farouche socialiste, des paroles d'admiration [1].

Ces héroïnes, éclaireurs de l'armée du bien, que dis-je? une armée elles-mêmes, ne sont encore que l'espérance de notre avenir; mais elles nous interdisent tout pessimisme. La race et le temps qui les ont produites ne sauraient être incapables des efforts de volonté nécessaires à notre rénovation.

Les conséquences de ce court exposé des faits et des situations actuelles, c'est qu'il faut travailler, et bien travailler, à développer les facultés conscientes et les bons vouloirs.

[1]. Œuvres de la rue Haxo.

Il faut bien se garder de tout voir d'un regard sinistre, d'un esprit chagrin, anathématisant le monde moderne, ne voulant rien faire pour son bien, et blâmant ceux qui veulent faire. Mais ces derniers doivent se rendre compte de la gravité des maux et des obstacles. Il faut aimer son siècle et ce qu'il a de bon, mais repousser ses erreurs. Autre chose est la sympathie et la compassion, autre chose l'adoration qu'en vérité les progrès modernes, quoique ils soient indéniables, ne paraissent pas, jusqu'ici, mériter !

CHAPITRE IV

L'ÉDUCATION DE LA VOLONTÉ :
SES COLLABORATEURS

I

« Si la femme d'aujourd'hui, chrétienne toujours, regarde le combat au lieu de le livrer, semble avoir pour ambition unique de se rendre impénétrable aux doutes ambiants et les laisse conquérir autour d'elle les êtres les plus chers, la responsabilité de ce grand mal n'est pas à elle, mais à son éducation. Elle a encore l'éducation des temps de paix, celle qui forme à vivre selon des croyances universellement acceptées ; elle n'a pas l'éducation des temps de lutte, celle qui instruit à soutenir ses croyances contre les objections de l'histoire, des sciences, de la philosophie. Elle continue à être formée surtout aux connaissances de détail qui la rendent agréable, et aux habitudes pieuses qui doivent maintenir dans le devoir sa vie individuelle; cela tout comme si la sollicitude chrétienne de l'homme inspirait toujours les institutions générales, et, veillant sur la vie publique des nations, bornait la tâche de chacun à ne pas troubler par le désordre de ses actes la santé du corps social. Or, ce sont les lois et les gouvernements qui, aujourd'hui au contraire, viennent combattre en chacun la civilisation chrétienne. Contre cette perversion de l'autorité, il n'y a pas de remède, si chacun ne se défend soi-même [1]. »

Et, si la femme d'aujourd'hui, dont on n'a

1. Etienne Lamy, *La femme de demain*, p. 279 (Perrin).

ni formé ni développé la personnalité, est incapable de cette œuvre de défense, à moins qu'elle ne trouve sous sa main, à l'heure voulue, une organisation toute prête à l'y aider, c'est que son éducation s'est appliquée à éteindre son initiative et à annihiler sa volonté, au lieu de la rendre consciente.

Si enfin, la femme d'aujourd'hui, tout inclinée qu'elle soit vers les déshérités et les faibles, toute fleurie d'amour maternel, de dévouement, de vertus exquises ne fait pas le bien qu'on pourrait attendre d'elle et n'a pas l'influence qu'elle paraît mériter dans la famille et dans la société, c'est qu'on lui a appris à compter sur une direction que personne à l'heure présente ne prend plus la peine de lui donner, et qu'on ne l'a pas rendue capable de se donner à elle-même.

Le devoir des mères et des éducateurs est d'intervenir pour combler ces graves lacunes.

Est-ce à dire qu'il y ait à réformer toute l'éducation féminine? A Dieu ne plaise! pas plus qu'il ne serait à propos de raser une maison qui n'est qu'à réparer. Mais, de même qu'on fait pénétrer à flots l'air et le soleil dans les édifices modernes, de même il nous faut imprégner toute l'âme des enfants et des jeunes filles, de clarté morale, de conscience et de raison; il faut leur apprendre qu'elles ont des devoirs et une responsabilité; qu'elles ont à vouloir et à faire le meilleur usage de leur volonté.

Voilà le problème posé; qui le résoudra?

Mme Guizot dit excellemment : « Il n'y a qu'une volonté au monde qui puisse être toujours maîtresse de l'enfant, comme de l'homme : c'est la sienne ! » Le principal auxiliaire de la volonté en sera donc le sujet lui-même : il ne saurait y en avoir un de plus indiqué ni de meilleur.

C'est à notre toute petite fille que nous demanderons de coopérer, et toujours davantage, à l'éducation de sa volonté : « la vie des tout petits semble végétative, leurs joies et leurs souffrances purement physiques ; mais nous savons l'âme présente comme une princesse endormie[1]. »

Fénelon croyait à cette présence quand il disait : « Avant que les enfants sachent entièrement parler, on peut les préparer à l'instruction[2] ». A plus forte raison la douce éducatrice doit-elle être attentive au premier éveil des facultés ; avec sa tendresse, avec sa douceur, elle éteindra les caprices et surveillera, en les détournant, les premières manifestations de la volonté naissante, pour tout incliner au bien et en créer l'habitude.

1. Lucie Félix-Faure Goyau, *Action sociale de la femme,* juin 1913, p. 244.
2. *Education des filles.*

C'est une action qui ne saurait commencer trop tôt; et je sais des mères qui ont eu le soin de la préparer, même avant la naissance de leurs enfants, en surveillant pour eux leur propre manière d'agir, la direction de leurs pensées et de leurs sentiments, comme elles surveillent leur hygiène physique.

L'enfant a grandi, elle marche; dès ses premiers pas elle sera préservée de l'incohérence, habituée avec des sourires à choisir entre ses jouets et ses compagnons de jeu et à les garder ensuite un certain temps ; à achever le jeu commencé, à coucher par exemple, à habiller sa poupée entièrement, à finir et à perfectionner les tas de sable commencés dans le jardin, à ne trouver de plaisir que dans une action complète et faite avec soin.

De là à lui rendre la soumission au devoir

acceptable, le chemin sera tracé ; s'il reste
difficile, il y aura du moins quelque chose
de gagné. L'enfant habituée à l'ordre et à
l'effort dans tout ce qui occupe ses premières
années, s'appliquera davantage qu'une autre
à faire plaisir, à mériter des éloges, à éviter
les réprimandes. Il reste probable qu'elle se
servira de plus en plus, pour atteindre ces
objets, de son activité raisonnable ; jusqu'au
jour, plus tôt venu qu'on ne le croit, où on
pourra lui expliquer ce qu'on veut d'elle,
pourquoi on lui demande une action plutôt
qu'une autre, pourquoi on lui impose un sacrifice ; et arriver ainsi, de détail en détail,
à la collaboration nécessaire de la mère et
de la fille pour l'éducation de la volonté.

C'est ici que l'admirable intuition que
l'amour maternel donne aux femmes devra
suppléer à leurs ignorances. Il suffira qu'elles reconnaissent ce qui leur a manqué à

elles-mêmes pour qu'elles essaient d'en faciliter l'acquisition à leurs filles; il suffira qu'elles comprennent l'absolue nécessité, pour le bonheur de ces chers êtres, de l'œuvre qu'elles ont entreprise, pour que le succès en soit assuré.

D'ailleurs, on ne leur demande pas d'agir seules; toute la famille intéressée au résultat, leur doit son concours, et le père avant tous les autres; c'est bien à tort qu'il est admis que l'éducation des filles regarde la mère, celle des garçons, le père seulement. « L'éducation des unes, dit M. Boutroux[1], ne peut se faire sans le père, celle des autres a besoin de la collaboration maternelle. » Personne ne peut remplacer dans cette œuvre les parents, qui en sont seuls responsables, qui seuls ont les moyens de l'accom-

1. *Entr'aide familiale* (Conférence donnée aux mères), Bibliothèque des parents et des maîtres (IV).

plir, parce qu'ils aiment leurs enfants ; et cet amour est le plus grand moyen d'action qu'il y ait sur ces petits êtres.

II

Après le père et la mère et les autres membres de la famille, il y a une place pour les modestes collaborateurs des premières années, qui faisaient autrefois partie de la maison et que le malheur des temps et la lutte des classes nous ont rendus étrangers. Quelque désirables que soient les réformes qui atteindraient leur recrutement, leur gouvernement, leur mentalité, il est malheureusement impossible de les réaliser à l'heure présente. Du moins, nous ne laisserons pas d'exiger absolument une propreté morale absolue, des principes religieux, un jugement sain. C'est un minimum, et que nous devons obtenir à tout prix, dussions-nous sacrifier pour cela certaines élégances et habiletés professionnelles.

Des intermédiaires pris au hasard ne sauraient aider ni décharger les parents ; Marcel Prévost, en s'élevant contre l'abus des « nurses » étrangères, devenues les guides des jeunes filles, a signalé une véritable plaie. Ce sont là, encore bien plus que les nourrices de M. Brieux, les *remplaçantes* qu'il faut proscrire. Et l'on pourrait appliquer, avec combien de vérité, aux mères qui se déchargent sur ces mercenaires, à quelque nationalité qu'elles appartiennent, ces sévères paroles de J.-J. Rousseau[1]. « Ces douces mères qui, débarrassées de leurs enfants, se livrent gaiement aux amusements de la ville, savent-elles quel traitement l'enfant reçoit loin d'elles ? »

[1]. J.-J. Rousseau, *Emile*, livre I.

Et « si même la femme mercenaire prend pour l'enfant une tendresse de mère, de cet avantage résulte un inconvénient qui devrait ôter à toute femme sensible le courage *de faire nourrir* (*disons de faire élever*) son enfant par une autre; c'est celui de partager le droit de mère ou plutôt de l'aliéner, de voir son enfant aimer une autre femme autant et plus qu'elle, de sentir que la tendresse qu'il conserve pour sa propre mère est une grâce, et que celle qu'il a pour sa mère adoptive est un devoir; car, où j'ai trouvé les soins d'une mère, ne dois-je pas l'attachement d'un fils? [1] »

Alors, s'il faut interdire ou à peu près l'usage des gouvernantes et des nurses, la tâche austère imposée aux parents exige d'eux une abnégation, une continuité, un assujettissement dont peu sont capables. Où puiseront-ils un pareil courage? Dans l'a-

1. J.-J. Rousseau, *Emile*, livre I.

mour qu'ils ont pour leurs enfants, dans la conviction du bien qui en résultera pour eux et pour toute leur famille. « Il faudra qu'ils se rendent compte de la gravité de la crise qu'eux et leurs enfants ont à traverser et de la nécessité de l'œuvre sociale qu'ils ont à accomplir [1]. »

C'est de cette même pensée dominante que les parents devront encore s'inspirer quand viendra l'heure de l'école et de l'enseignement public et privé.

L'Eglise catholique instruit les parents de leurs devoirs dans le choix d'une école ; il serait vraiment incompréhensible que les obligations fussent allégées en faveur de ceux à qui elles sont moins onéreuses, et que les classes les plus fortunées puissent se croire à l'abri des responsabilités encourues par les plus pauvres entre les fidèles.

[1]. M. Boutroux.

Leur choix s'impose donc en faveur d'un maître chrétien : croyant à l'âme, il mettra certainement plus de soins à en développer les facultés ; mais pour l'éducation de la volonté d'autres qualités lui seront nécessaires, le dévouement, la mise en pratique des enseignements de l'Evangile devront être accompagnés chez le professeur ou l'institutrice, d'un jugement droit, d'un objectif élevé, d'une réelle expérience, de la capacité indispensable au choix et au gouvernement des auxiliaires du professorat et de la surveillance ; enfin, du sentiment de la dignité et de la responsabilité de l'enfant.

« Qu'ils envisagent donc chacun de leurs élèves comme un organisme sensible, impulsif, capable d'associer des idées et de réagir, en partie déterminé, en partie libre, ils le comprendront ainsi beaucoup mieux. Que si, en outre, ils peuvent le considérer *Sub specie*

Boni, et l'aimer, vous aurez trouvé l'idéal du maître parfait »[1] pour le but que vous avez entrepris d'atteindre.

Aucun maître d'ailleurs, pas plus qu'aucun parent, ne peut dispenser dans l'éducation de la volonté, du travail personnel, l'intéressé, il doit non seulement s'y employer, mais en continuer le travail toute sa vie.

Notre volonté est semblable à un cheval de race; même quand elle est domptée et dressée parfaitement, elle est toujours capable d'écarts, si elle cesse d'être bien dirigée. La maîtrise doit donc demeurer entre nos mains, jusqu'à la fin.

Et c'est à faire acquérir, à diriger, à contrôler, à perfectionner cette maîtrise chez leurs enfants et leurs élèves que tous les éducateurs doivent se dévouer.

---

1. William James, *Talks to teachers*. London, Longman Green and Cᵒ.

CHAPITRE V

L'ÉDUCATION DE LA VOLONTÉ :
L'ATMOSPHÈRE REQUISE

I

Si nous voulons éveiller les forces vives,
l'énergie de l'enfant, dont il faut armer,
pour le combat de la vie et le service du
bien, la Volonté libre, un des principaux
obstacles que nous rencontrons, est, sans
contredit, l'influence du milieu. Cette influence est considérable : étant donné l'état
des choses et les idées ambiantes parmi
lesquelles la femme est appelé à vivre, elle
est néfaste ! Nous devrions en faire, au con-

traire, un de nos principaux moyens d'action, et séparant notre sujet des milieux
où le mal a pénétré, à plus forte raison de
ceux où il triomphe, lui en constituer un,
non seulement bon, mais excellent, soustrait
.à l'empire des idées mondaines et du sno-
bisme qui, sous des formes différentes et à
divers degrés, tend à s'introduire dans toutes
les classes de la nation.

En fait, tous les hommes et surtout les enfants (peut-être encore plus ceux qui sont dans
des idées d'indépendance) sont possédés du
besoin de s'appuyer sur quelqu'un, de suivre
les idées et les directions de quelqu'un. Gœthe
a dit : « *Il y a dans l'homme, l'instinct de servir* ». Et c'est vrai de tous les enfants; encore
plus des femmes, qui ne fuient l'autorité de
leurs parents et de leurs maris, que pour se
choisir un autre guide : soit par l'amour, soit
par leur admiration pour celles de leurs amies

les moins dignes trop souvent de les conseiller.

Nous ne remédierons pas facilement à cette servilité, à cette passivité, à moins que nous n'arrivions à former pour l'enfant un entourage qui soit favorable à notre manière de voir, soit qu'il la partage naturellement, soit qu'il ait intérêt à une bonne direction, jusqu'à ce que l'enfant soit définitivement élevée. Et cela est d'autant plus indispensable que nous prétendons mettre notre sujet en état de se gouverner lui-même et sous sa propre responsabilité.

Si on nous permet cette comparaison, la plante que nous avons à cultiver n'est pas un simple objet d'ornement, elle ne doit pas respirer dans l'atmosphère factice d'un salon ou entre les murs d'une serre chaude et préservée. C'est à l'air libre, en dépit des vents et des rigueurs des saisons, qu'elle devra s'élever, et ferme et droite, donner ses fleurs et ses fruits. Sans la comprimer, sans attacher sa tige à un bâton régulateur, sans lui enlever l'air et l'espace, il faut lui assurer, pendant les débuts de sa croissance, l'abri protecteur des arbres voisins.

A cet égard, il n'y a pas pour nos jeunes filles d'influence meilleure que celle de leurs pairs, si nous pouvons les réunir en nombre suffisant et dans des conditions véritablement bonnes. Il existe encore, heureusement, des enfants très bien élevées, des jeunes filles pures, raisonnables, exquises même; n'hésitons pas à les attirer, à leur ouvrir nos portes, à deux conditions cependant : que nous puissions être renseignées sur chacune d'elles et que les idées dans lesquelles ces enfants sont élevées soient celles de l'amour de la famille et du respect de l'autorité ; mais le premier point pouvant

nous tromper, le second est d'une importance primordiale.

Cette question de milieu est tellement
importante, que, bien qu'en principe je préfère tout autre système à l'internat, j'estime
qu'il faudrait y recourir, si on ne pouvait
éviter la présence autour de l'enfant, d'autres
jeunes filles donnant de mauvais exemples
et de mauvais conseils.

Ce fâcheux entourage, à vrai dire, peut se
trouver dans ce qu'on est convenu d'appeler un bon pensionnat; qu'on cesse alors de
lui donner ce nom. Le maître excellent que
nous avons décrit serait lui-même insuffisant
pour l'enseignement public, s'il n'était capable de donner à ses élèves un bon esprit et
d'établir parmi elles une surveillance minu-
tieuse, qui permette de reconnaître et d'éli-
miner celles qui sont déjà gâtées et inaptes à
profiter d'une bonne direction. Voilà le véri-

table mélange que les parents doivent redouter avant tout, en choisissant un internat, et
non celui qui confond sous une même discipline des enfants de fortunes diverses ou de
situations mondaines inégales. Ces puérilités
ne sont plus de notre temps; sans même
parler des hauts et des bas que les conditions économiques infligent tous les jours à
nos jeunes filles, ne faut-il pas leur apprendre que les classes cultivées n'ont pas à se
séparer, à se discuter, mais à s'unir pour la
solution des grandes questions sociales, *pour
abandonner les misérables revendications de
parti, les intérêts étroits, les colères impuissantes*, et répondre aux attaques d'en bas,
de plus en plus violentes, « *en apprenant à
écouter la parole de paix, de pardon, d'amour,
qui depuis vingt siècles retentit sur la terre* ».

Qu'est-ce donc qu'un bon pensionnat ?

1. Giacomelli. *Sur la brèche*, p. 180 (Perrin).

C'est celui qui se rapproche davantage de la famille, de l'esprit de famille basé sur le principe d'autorité; c'est celui où la culture même intense, de l'intelligence, n'est pas tout, et passe après celle du cœur et de la volonté; où c'est l'éducation, non la pédagogie qui triomphe. Ce dernier mot a quelque chose de barbare comme les choses qu'il représente. Il s'agit de règles, de procédés presque mécaniques, tels qu'on pourrait les établir s'il s'agissait du dressage d'un petit animal; l'éducation, au contraire, ne peut s'appliquer qu'aux enfants des hommes, aux êtres intelligents et conscients, par des soins affectueux et éclairés; que si cette éducation est en même temps une éducation chrétienne, je crois qu'elle réalisera le summum de nos desiderata.

II

Pour un temps seulement, car l'habitation du pensionnat n'est jamais qu'une phase de la vie de l'enfant.

L'édifice où elle doit vivre est la famille, c'est là le milieu qu'il s'agit de reconstituer avant tout. Pour le moment, il n'est pas organisé au point de vue de l'enfant, ainsi qu'il devrait l'être. Comme me le disait une éminente éducatrice[1] : « des raisons d'intérêt, de mode, plus encore l'irréflexion des mères, l'ouvrent à toutes sortes d'influences médiocres : relations, domestiques, lectures, tout apporte à l'enfant l'écho d'une vie antichrétienne et de tout le cabotinage parisien ; et les parents ne sont pas, à ses yeux, la règle vivante qu'ils devraient ».

Tout ceci est le fruit de nos théories indi-

1. Mme Daniélou.

vidualistes. La famille moderne est l'assemblage (trop souvent passager) de deux individualismes réunis pour la création d'un troisième, aussi absolu, aussi farouche, aussi exigeant que les deux autres. Elle n'a d'autre raison d'être que l'amour, jusqu'à l'adoration de l'enfant, d'autre règle que la poursuite des jouissances pour la satisfaction des trois unités, des trois égoïsmes qui la composent ; et il est infiniment probable que l'idée du devoir étant de plus en plus supprimée, aucune loi morale n'imposant plus le respect et les mutuelles concessions, le relâchement des liens de famille dont nous souffrons déjà se produira aussi de plus en plus. N'est-il pas fréquent de dire en parlant d'un frère, qu'on n'a aucune raison de s'entendre avec lui, qu'on a des amis qu'on aime infiniment davantage ? ou de reconnaître, dans la conversation, les infériorités du père, de

la mère, qu'on juge et qu'on rejette loin de
sa vie, sous prétexte qu'ils sont d'une autre
génération. C'est au moins le terme français;
en Amérique, pour expliquer la séparation
que crée de nos jours cette différence d'âge,
*on appelle les vieilles gens des instruments
aratoires de l'Exposition de 1906.*

Ainsi comprise, la famille n'est un milieu
favorable que pour le caprice, la fantaisie,
l'inconscience : ce n'est pas le terrain que
nous cherchons pour y cultiver l'âme raisonnable et ses facultés de volonté.

La famille d'autrefois était basée sur l'autorité et avait pour but l'intérêt de la race.

Le principe d'autorité, que tout le monde
acceptait d'instinct, se fondait d'une part
sur un sentiment naturel, sanctionné par la
religion, de respect et de déférence pour les
parents; et, d'autre part sur l'estime que
l'on faisait de l'expérience de la vie, reconnue

d'une telle nécessité qu'elle conférait la
compétence et le droit de commander utilement.

Il est évident que le point de vue a changé ;
mais la base doit demeurer la même de fait
et de droit.

« La seule autorité qui puisse réellement
se maintenir aujourd'hui, c'est une autorité
morale fondée sur les besoins de la famille,
sur le devoir « religieux » et l'affection
naturelle des parents envers leurs enfants.
Cette autorité, certes, peut être très réelle,
très puissante ; elle peut, sans contraindre,
diriger très efficacement : ce n'est plus une
autorité matérielle et légale, c'est une autorité toute morale, qui ne s'impose pas, que
l'on accepte librement[1]. »

Quant à l'expérience pratique de la vie

---

1. Boutroux, *Entr'aide familiale*. (Conférence faite à l'école
des mères. Bibliothèque des parents et des maîtres.)

que l'on affecte de mépriser sous le prétexte
des progrès de la science, de la facilité que
donnent pour l'acquérir les notions vulga-
risées mises à la portée de tous ; cette expérience, dis-je, donne aux parents une saga-
cité supérieure et des connaissances pratiques qui rendent utiles aux jeunes et leurs
conseils et leur direction.

Mais la famille d'autrefois ne se compo-
sait pas seulement des ancêtres et des jeunes ; elle comprenait tous ceux qu'un même
sang, un même nom, des traditions et une
histoire communes unissaient sous le principe d'autorité, pour la conservation et
l'avenir de leur race ; en d'autres termes,
les grands parents, les oncles, tantes, cou-
sins et alliés, groupés au-dessus et autour
du père, de la mère et des enfants, frères
ou sœurs.

L'aide familiale, ainsi comprise, est une

vraie puissance sociale ; précieuse, si elle est
organisée pour le bien, dangereuse pour
l'ordre établi dans les autres cas; c'est pourquoi je pense que la famille aussi largement
constituée sera chrétienne ou qu'elle ne
sera pas. La vraie religion seule, en réfré-
nant les appétits démesurés, en obligeant au
respect de la loi morale, en imposant des
commandements précis qui règlent les rapports de tous, peut utiliser ces forces vives,
aussi bien que maintenir l'union, la paix, l'a-
mour, parmi les membres de cette asso-
ciation naturelle.

Que si, au contraire, la famille n'est pas
chrétienne et cependant demeure unie par
l'intérêt, on verra quel drainage effroyable
le Veau d'Or lui inspirera d'opérer à son
profit (on peut déjà se l'imaginer par quelques exemples); si même ce culte moderne ne
la conduit pas jusqu'à la violence contre les

rivaux et les victimes qui se dresseront en face d'elle.

Dans la famille chrétienne, on accepte l'autorité des parents, non seulement parce qu'on les aime et qu'ils ont l'expérience, mais surtout parce que cette autorité vient de Dieu et qu'elle est prescrite par sa loi. On voit facilement les avantages d'ordre, de cohésion, de force qu'un pareil principe donne à l'organisation familiale telle que nous venons de la décrire; et combien l'élite intellectuelle de nos jeunes et héroïques générations a raison de parler de respect et d'y revenir.

Les doctrines d'autorité et de respect quand elles seront redevenues la base de la famille reconstituée ne laisseront plus de place pour l'esprit de critique qui en est la plaie actuelle. Nos modernes Chams ne voient que la nudité de leur père et ne s'a-

perçoivent pas de l'inepte inconvenance
de leurs plaisanteries et de leurs propres
ridicules. Combien, s'ils avaient de l'esprit,
commenceraient par se moquer d'eux-
mêmes !

La femme est l'égale de l'homme; cette
égalité n'est pas l'assimilation; « c'est l'égalité devant le devoir, devant la destinée; par
là, devant le bonheur en ce monde et en
l'autre [1]. » Dans ce mariage, le secours de
Dieu apporte aux époux l'impulsion et la
force morale. « Il leur donne aussi les grâces appropriées à leur condition, pour remplir leur tâche, pour marcher vers l'étoile,
la belle étoile, sans lâcheté ni défaillance, en
l'accomplissement du devoir. Voilà pourquoi
ces époux respectent leur union sainte, leur
amour saint, et les respectent jusqu'au bout.

1. Abbé Sertillanges, *Féminisme et Christianisme*, p. 97
(Lecoffre).

Ils n'y voient point la flamme terrestre; ou, du moins, ils ne la voient qu'après avoir senti le feu d'en haut, le feu qui embrase l'âme sans dévorer les entrailles. Ils ne voient point le dieu cruel, fils de la fable ; mais l'ange idéal, sans tache, éblouissant, qui garde les familles et s'arrête au-dessus des foyers, toujours un peu tristes, de la pauvre humanité [1]. »

Ce sera quelquefois avec un enfant dans ses bras que cet ange viendra; mais ceux auquel il le confiera seront dignes de recevoir et de garder ce gage céleste. En effet, ces époux, aux instincts sacrés des pères et des mères, joignent des lumières exactes sur leur mission à l'égard de leurs enfants; « ils comprennent, d'une part, qu'ils ne peuvent rien faire sans Dieu; et, d'autre part, que sans eux Dieu ne veut rien faire : car il leur

1. Abbé Naudet, *Pour la femme*, p. 77 (Fontemoing).

a donné la liberté [1]. » C'est de celle liberté
qu'ils sauront être, et eux seulement, les
gardiens et les éducateurs chez l'être humain auquel ils ont donné naissance ; c'est
cette liberté qu'ils respecteront chez l'enfant
et dont ils lui apprendront à se servir.

[1]. Abbé Naudet, *Pour la femme*, p. 79.

CHAPITRE VI

LA CRÉATION DE L'HABITUDE

I

Après avoir préparé des éducateurs à l'enfant, nous lui avons constitué un milieu ; il nous reste à l'y adapter. Toutes les natures ne sont pas les mêmes ; il y a des êtres passifs et d'autres autoritaires, des volontés essentiellement faibles ou facilement découragées, d'autres rebelles, et qui doivent être domptées et disciplinées pour devenir bonnes et droites. C'est assez dire que les procédés d'éducation pour la volonté, comme pour toute chose, doivent être divers :

affaire de tact, de doigté, de mesure, surtout de clairvoyance ; mais affaire où aucun
détail ne doit être laissé au hasard ni envi-
sagé en dehors du point de vue spécial de
chaque enfant, objet actuel de notre action.
C'est cette enfant qu'il faut connaître et pour
cela étudier séparément, sans prétendre
mettre l'application de la règle générale au-
dessus des nécessités particulières de l'individu.

Dans un très grand nombre de cas cependant, on se trouvera bien de la vieille méthode dont on se servait autrefois, quand on
enseignait le catéchisme à l'école ; on com-
mençait par en faire apprendre le texte abs-
trait mot à mot et parfaitement ; plus tard, il
était développé et compris. Ainsi devons-
nous faire obéir d'abord l'enfant sans expli-
cations, parce que tout le monde obéit, et les
parents eux-mêmes. Quand elle aura grandi

et qu'on pourra lui indiquer les raisons de cette loi, on la lui fera accepter ; et à mesure qu'elle s'y trouvera préparée, on s'efforcera de rendre cette soumission de plus en plus libre, de plus en plus consciente.

Cette préparation à la liberté morale est l'éducation de la volonté ; elle-même doit être préparée d'abord, accompagnée plus tard, par la formation de bonnes habitudes.

« Montaigne, qui appelle l'habitude : *la royne et l'empérière du monde*, a décrit mieux que personne, à ma connaissance, l'empire qu'elle exerce sur la volonté ; il n'a pas vu moins clairement les bienfaits de l'habitude. Il nous la montre venant au secours de l'effort volontaire, la bonne volonté engendrant peu à peu la bonne habitude et y trouvant sa récompense : *A quoi on a été une fois capable, on n'est plus incapable.* »

« Tout être doué d'activité spontanée, tout vivant, contracte en agissant une tendance à répéter son acte. Plus l'acte a été souvent accompli, plus grande est la tendance à le produire encore ; et cette tendance est l'habitude même [1]. »

Il importe donc de faire agir notre suje de la meilleure manière dont il sera capable, et de lui faire répéter les mêmes actes jusqu'à ce que l'activité, d'abord hésitante et imparfaite, s'exerce avec une facilité et une perfection suffisantes pour que l'habitude puisse être considérée comme acquise. Il n'y a aucune autre manière de procéder pour tous les actes, depuis les mouvements musculaires jusqu'aux plus hautes opérations de l'esprit ; « c'est là le mécanisme de l'habitude, que l'acte qui doit se répéter pour l'établir nous soit imposé par notre

[1]. Marion, *Solidarité morale,* p. 110 (Alcan).

propre volonté ou par une volonté étran-
gère [1]. »

II

Les éducateurs d'une petite fille ne sauraient trop travailler à lui donner de bonnes
habitudes de tout genre, à commencer par
celles qui peuvent fortifier la conscience et
la munir de fortes et saines maximes, car
nos manières de penser et d'agir commen-
cent à se former bien avant que la volonté
proprement dite intervienne pour les contrôler et les régler.

Il pourra être aussi fort utile de tirer profit de l'âge de transition qu'on appelle, bien
à tort *âge ingrat*. Si l'on savait s'y prendre,
la pauvre *backfish* sortirait de la crise morale qui est concomitante de la crise de

1. Marion, *Solidarité morale*, chap. III (Alcan).

croissance physique dont elle souffre, avec
un bagage de forces acquises et orientées
vers le bien. Son cœur, qui est encore celui
d'une enfant par la pureté et la simplicité
des sentiments, est déjà celui d'une femme
par la tendresse et le besoin de se donner.
Qui l'aura su gagner, aura gagné du même
coup la volonté naissante; il faut cueillir
cette fleur pour le bien[1]!

Pendant l'enfance et la jeunesse une foule
de choses nous sont faciles : les soins
d'hygiène, l'eau froide, les sports, sont des
habitudes que nous avons prises sans aucune peine autrefois. Il n'est pas plus dur
pour nos enfants d'être accoutumées à se
lever de bonne heure et dès le réveil, à se
coucher tôt, à manger sobrement des mets

[1]. Sur ce sujet, on pourra lire avec intérêt dans l'ouvrage
issu de Stanley Hall, intitulé *Educational problems*, le chapitre
« The budding girl » (ch. II).

simples, à se servir elles-mêmes, à laisser
en ordre les objets dont elles ont l'usage. Si
de là nous passons aux habitudes morales,
combien pourront aussi s'acquérir aisément.
Il en est, en effet, qui sont presque sur la
frontière du domaine physique, telles que la
politesse, les bonnes attitudes du corps, le
silence respectueux devant les observations
des parents, le soin et la netteté de l'habil-
lement, en même temps que le peu de cas
à faire d'une mise plus ou moins élégante :
toute notre vanité vient de l'habitude contraire qu'on nous a donnée d'en exagérer
l'importance.

Ainsi, le jour où l'enfant aura à agir par
elle-même, sa volonté sera depuis longtemps
pourvue de beaucoup de bonnes habitudes,
de toutes celles, au moins, qu'il aura été
possible de lui faire contracter ; autant de
sujets sur lesquels l'accord de sa volonté et

du bien faire lui seront facilités, et où elle n'aura plus qu'à se maintenir en terrain conquis, au lieu de lutter pour la victoire ; autant de gains qui auront fortifié le vouloir et accoutumé à s'en servir.

Il est plus difficile de faire prendre de bonne heure l'habitude du travail, cependant indispensable et clef de voûte de toutes les autres. D'ailleurs, le « travail étant la forme continue de l'effort, se trouve constituer une excellente éducation de la volonté ; et plus que les autres travaux, le travail intellectuel, car avec la majorité des travaux manuels peut coexister un vagabondage de pensée presque complet. Au contraire, le travail de l'esprit suppose à la fois et l'obéissance du corps en quelque sorte bandé par l'attention, et la vigoureuse discipline des pensées et des sentiments [1]. »

1. Jules Payot, *Education de la Volonté*, p. 241 (Alcan).

C'est une des raisons qui doit militer
davantage en faveur de la culture intellectuelle des jeunes filles ; mais ce n'est pas la
seule : l'instruction, la formation de l'esprit,
la science enfin, constituent pour le raisonnement, pour la compréhension des idées,
pour la bonne direction du vouloir, par conséquent, la meilleure des bases.

III

Il faut faire apprendre par cœur, faire
lire de belles choses qui élèvent l'âme et
qui restent dans les mémoires. « Aimons les
grands, les beaux livres, auxquels on pense
et dont on ne parle point trop de peur de
paraître pédante ; aimons aussi quelques
livres d'une saison, de ceux dont on parle et
où des esprits contemporains ont conscien-
cieusement tenté leur effort ; mais respec-

tons le rôti de Chrysale, car s'il était manqué, les petits souffriraient, et les grands
iraient dîner hors de la maison familiale [1] ».

Délicate nuance qn'il faut saisir et observer quand on s'occupe de l'éducation des
filles ; Chrysale, lui-même, s'il était au monde
ne laisserait pas, tout en répétant son para-
doxe, de chercher pour sa fille des professeurs largement pourvus de grades univer-
sitaires ; mais il ne sacrifierait pas la bonne
tenue de sa maison et de sa table, et voudrait
qu'il y fut pourvu. Rien n'est plus juste, ni
plus facile à concilier.

Pour savoir le latin, les hommes n'en
exercent pas moins une profession. La nôtre
est le plus généralement le ménage et le
mariage ; nous en serons tout aussi capables,
si ce n'est mieux, pour avoir reçu une ins-

1. Lucie Félix-Faure Goyau, *Le royaume du ménage.* Femina,
1er juin 1908.

truction très étendue, mais très sagement
donnée, infiniment plus éloignée que les
demi-lumières de la pose et du pédantisme.

Dès la seconde moitié du XIX° siècle, la
question se posa du baccalauréat accessible
aux femmes : Rochefort, dans la « Lanterne »,
répondit qu'il ne s'agissait certainement pas
des parisiennes; « si l'une d'elles avait, disait-
il, le caprice de se présenter, ce serait pour
faire des boules blanches qu'on lui donnerait,
immédiatement, et sans en concevoir un
autre usage, une charmante coiffure ! »

Ceci fut jugé très spirituel, ainsi que bien
d'autres plaisanteries du même genre. Elles
ont si peu empêché les choses de marcher
que, dans la ville que j'habite en ce moment,
sur 800 candidats bacheliers, on a compté,
au dernier examen, 80 jeunes filles ; elles
ne seront ni moins gracieuses, ni moins bien
coiffées, pour avoir acquis un certificat de

culture classique ; mais il y a tout lieu de supposer que ces enfants ne sont qu'une avant-garde, et que d'ici à peu d'années, l'instruction des deux sexes, dans les classes élevées, sera égale, comme elle l'est depuis si longtemps dans les classes populaires.

Est-ce un bien, est-ce un mal? C'est un fait, en tout cas, et dont il faut bien tenir compte.

Pour moi, « je trouve bon qu'un peu à l'écart des routes où les hommes marchent exposés au péril, la femme allume sa lampe de douce et réconfortante sagesse, et ceux qui auront senti le frisson des ténèbres salueront au passage le bienfait d'une paisible lueur [1] ». Je me réjouis du mouvement qui nous entraîne vers une meilleure culture intellectuelle quand je regarde dans le passé toutes ces belles figures de femmes, instrui-

[1]. Lucie Félix-Faure Goyau, *Le droit et la vie féminine.* Femina, 15 janv. 1909.

tes, savantes même, et cependant exquises,
depuis Radegonde jusqu'à Jacqueline Pas-
cal, depuis Mme Stuart jusqu'à Lucie Félix-
Faure Goyau ; cachant à l'ombre de leur
voile ou à l'abri de leur foyer leurs vies
intelligentes et laborieuses, et rayonnant sur
leur temps de toutes leurs lumières et de
tout leur amour. De semblables clartés
seraient fécondes pour notre siècle qui commence, et tout d'abord, pour distraire nos
contemporaines des futilités et des chiffons
dont la grande épreuve de la guerre nous a
fait si cruellement sentir la vanité. Une
femme qui aura l'esprit meublé, non d'une
foule de notions éparpillées et superficielles,
mais des idées des grands auteurs, de l'histoire de tout ce qui s'est passé et pensé de
grand, de beau et d'élevé sur la terre, n'aura nul besoin de puériles distractions. C'est
en ce sens que la culture classique me paraît

plus indiquée que tout autre pour répondre
aux aspirations actuelles, tout en donnant la
meilleure base possible à l'éducation de la
volonté. Ce n'est pas que toute instruction
vraiment sérieuse ne puisse atteindre au
même but, quoique moins complètement; à
la condition, cependant, qu'on sache se bor-
ner dans le choix des programmes et qu'on
ne s'arrête pas à l'écorce des choses au lieu
de les approfondir. Il y faut la manière :
par exemple, l'enseignement de la musique
peut former un très brillant exécutant, qui
n'entende d'ailleurs rien ou presque rien à
son art, qu'il a appris, pour ainsi dire, mé-
caniquement ; mais qu'on lui enseigne à
connaître et à sentir les beautés de ce qu'il
exécute, qu'il étudie les chefs-d'œuvre musi-
caux et leur histoire, aussi bien que les
règles fondamentales de l'harmonie et de la
composition ; l'effort qu'il se sera imposé

aura élevé son âme et affermi sa volonté,
ce qui constitue une vraie éducation.

Pour que la culture de l'esprit produise
tous ses bons effets, il y faut aussi la mesure ;
une lumière trop crue blesserait les jeunes
prunelles et le bruit prématuré des discus-
sions de l'école pourrait ébranler les jeunes
cerveaux. De même donc, « qu'entre le jour
et le berceau, la prévoyance maternelle
étend un rideau léger »[1], une préoccupation
analogue « s'impose » dans le domaine intellectuel et moral.

Il est tout aussi essentiel de retenir, que
le manque d'équilibre entre les facultés
intellectuelles et les vertus morales est un
danger, le développement harmonieux des
unes et des autres un progrès « incontestable ». De là la nécessité de cultiver l'âme en
même temps que l'esprit. Ceci nous est facile

[1]. Lucie Félix-Faure Goyau.

à nous autres, chrétiens, qui sentons tout le
prix d'une éducation religieuse qui a l'Evangile pour base et l'autorité de l'Eglise pour
soutien ; elle donnera à nos jeunes filles plus
que tout autre chose au monde, le sens de
leur vie responsable et consciente, l'amour
du bien et la grâce pour l'accomplir.

IV

Dans l'Antiquité, les nouveau-nés étaient
déposés aux pieds du chef de famille, qui
relevait ceux qu'il jugeait digne de vivre ;
ainsi devons-nous soulever de terre l'enfant
qui nous est confiée, l'élevant dans nos bras,
non seulement jusqu'à nous, mais bien plus
haut, nous souvenant que l'âme est un livre
où Dieu écrit lui-même, et que le danger le
plus grave que pourrait courir une éducation serait de ne pas donner à la Foi la part

souveraine et *souverainement bienfaisante* qui lui appartient.

Il ne faut pas se dissimuler que ce don de Dieu est exposé dans notre milieu social à des altérations, à des déviations, des affaiblissements funestes. La Foi a pour objet l'invisible, l'incompréhensible ; or, les données expérimentales, ce qui se voit, ce qui se touche, s'additionne, c'est presque toute notre vie, sa réalité, son côté utilitaire. Le domaine de la Foi est donc un pays étranger, peu attrayant, où l'on respire mal à l'aise. C'est parce qu'il nous est inconnu !

Que nos jeunes filles soient familiarisées, par une instruction religieuse véritable, avec les enseignements déterminés auxquels elles doivent leur adhésion, mais qu'elles acquièrent aussi, par la plus précieuse et la plus élevée des bonnes habitudes, ce qu'on appelle le *sens de la foi*, l'*esprit de foi*, qui devrait, si les choses étaient dans l'ordre, se trouver dans les idées et dans les *choses*, pénétrer la vie sociale et familiale. A défaut de cette atmosphère générale, que ces enfants soient formées à s'en créer une en elles-mêmes, surnaturelle et vivifiante, qu'elles s'arment de toutes les connaissances utiles pour résister aux attaques insidieuses de l'incrédulité ; et, en même temps, pour apprendre à aimer leur siècle, à avoir une vue claire de ses maux et de leurs remèdes.

En toutes ces choses, « le christianisme ayant un rôle nécessaire, appelons-le pour juger ». Qu'il soit la lumière et le conseil, veillons à ce qu'il ne soit pas la borne. Plus d'un essaie de lui imposer ce rôle : nous combattrons ce christianisme ultra-conservateur : l'évangile est de tous les temps, il ne doit pas fixer leur course. La puissance des faits saura vaincre « ainsi qu'elle l'a toujours su dans le passé » ceux qui invoquent la Religion pour dormir, comme si le principe religieux était un stupéfiant. « C'est un viatique ! c'est aussi une boussole. Il doit régler, il doit promouvoir notre marche; si par instant il vient la ralentir, ce ne doit être que pour lui imposer la prudence, la stagnation, jamais [1] ».

Ces pensées, si justes, doivent pénétrer les éducatrices, quand elles ont à compléter, comme il convient, l'enseignement religieux par celui de la charité. « La petite guerre à la misère, écrit Lucie Félix-Faure Goyau, détourne trop souvent de la vraie bataille contre la détresse humaine [2] » ; c'est de plus haut qu'il faut voir et qu'il faut ensuite s'incliner.

Les racines de la Charité sont toujours les

1. Abbé Sertillanges, *Féminisme et Christianisme*, p. 64.
2. La plupart des études de Lucie Félix-Faure Goyau, que nous citons ici, seront prochainement recueillies dans un volume intitulé : *L'évolution féminine : la femme au foyer et dans la cité* (Perrin).

mêmes : le cœur du Christ et la bonté qu'il
a mise dans le nôtre, non la bonté passive des
inoffensifs et des nuls, mais l'active qui aime,
qui travaille et se sacrifie. Son objet est
toujours le même : ceux de nos frères auxquels il manque quelques-uns des biens que
nous avons.

Mais les moyens de faire la charité varient
avec les époques et les milieux ; autre est
l'attitude qu'elle pouvait avoir au temps où
elle était sollicitée, vénérée, bénie ; et autre
celle qu'elle doit prendre quand elle est mé-
connue, suspectée, repoussée même, sous
ses formes premières et naturelles ; autre
est la manière de se donner à ceux qui ne
sentent ni leur misère ni leurs besoins, ou à
ceux qui nous aiment et nous implorent :

« Sans vouloir contrister les bonnes âmes
qui tricotent pieusement des bas, ou qui
pieusement confectionnent des chemises

(ce qui est toujours bon cependant), on peut observer que l'actualité réclame autre chose, et que les œuvres pies de la Charité dans la France entière, aux champs, au bourg, à la ville, sont les œuvres sociales [1]. » Il faut encore apprendre aux jeunes filles à vouloir et à faire le bien sans dureté, comme sans paresse; c'est-à-dire avec un amour patient, une charité efficace et persévérante; mais par-dessus tout, apprenons-leur la pitié, la divine pitié de tous les instants, qui les sauvera de l'égoïsme et achèvera pratiquement leur éducation charitable. Disons-leur, avec l'admirable auteur, qui a écrit « Le long des Chemins » :

« Quand tu marches dans la ville, enfermée dans ta pelisse, tes petites mains bien chaudes dans ton manchon, ne regarde pas seulement les palais, les beaux magasins, les

1. Vicomtesse d'Adhémar, *La femme catholique*, p. 164 (Perrin).

élégantes voitures et la foule joyeuse, mais observe certaines pauvres maisons à l'obscure entrée, humides et malpropres, ces rez-de-chaussée noirs, malsains, ces figures défaites qui traversent la rue, ces vêtements minces, décolorés, exhalant le froid et la misère. Quand tu es appelée à table, l'odeur des mets te réjouit, tu vois briller l'argenterie et les cristaux sous le lustre qui les éclaire ; eh bien! pense donc aux foyers éteints, aux tables vides. Si l'impatience te saisit parce que le calorifère ne chauffe pas assez, rappelle-toi le froid si rude que la misère fait régner chez les pauvres; et quand tu te couches dans ta petite chambre bien close et paisible, dans ton lit moelleux, n'oublie pas ces chambres humides, infectes, où le froid pénètre de tous côtés, et ces grabats communs et immondes. Si tu es souffrante et que tous les tiens s'empressent à te trouver du sou-

lagement, pense à ceux qui languissent et
meurent, privés de tout, même d'affection.
Quand tu tressailles de joie au milieu des
plaisirs, des hommages du monde, pense à
ceux qui ne connaissent du monde que le
luxe insolent, le mépris et l'injure. Si on te
dit que tu es belle, et si, en effet, tu te sens
vigoureuse et contente, pense aux malades,
aux difformes, aux désolés. Enfin quand on
te dira bonne, gracieuse et compatissante,
examine ta conscience et scrute le fond de
ton cœur ; pense à ces pauvres qui dans le
silence spirituel, dans le grand vide qui les
entoure, entendent les échos des vices d'en
haut, sont appelés à les servir, en éprouvent
les excitations, en subissent les conséquences ; tandis qu'à leur portée, à chaque coin
de rue, à tout kiosque de journaux, au milieu
des idées qui descendent et s'infiltrent, ils
rencontrent la double propagande de l'obscé-

nité et du scepticisme qui essaie de démolir
en eux tout sens moral et toute espérance ;
et, pour toute consolation, leur verse la haine
et ses nouvelles amertumes, et les engage à
réclamer la justice par le crime et par le
massacre [1]. »

1. Giacomelli, *Le long du chemin*, p. 41 (Téqui).

CHAPITRE VII

L'ACTION POUR L'IDÉAL

I

La pitié est une des étoiles du ciel. Heureusement, beaucoup d'autres y rayonnent et aucune puissance humaine, si folle et si perverse qu'elle soit, ne saurait les atteindre, les éteindre encore moins ! C'est à peine si on peut essayer de les cacher à nos yeux ou de troubler notre vision par quelque vapeur artificielle, plus ou moins épaisse, plus ou moins asphyxiante.

C'est à nous d'écarter ces faux nuages et de créer autour de nous, tout au contraire, une atmosphère d'air pur, clair, vivifiant, à travers laquelle nous puissions regarder en haut, pour marcher ensuite dans la lumière, à travers laquelle nous puissions entrevoir et faire choisir à nos élèves l'idéal dont elles veulent s'inspirer. Il est essentiel d'en avoir un, aussi élevé que nous pourrons le conce - voir, l'éducation de la volonté ne pouvant se poursuivre dans le terre à terre : le *bien*, qui est son objet, est sur les hauteurs.

« Ceci est vrai pour tout le monde, surtout pour les femmes, qui, n'ayant pas, au moins pour la plupart, de carrière active où exercer leur esprit de méthode, ne peuvent impunément perdre de vue les sublimes liens qui rattachent notre existence actuelle à l'éternité, le terre à terre de chaque jour aux sommets de la vie morale. Un des enseignements qu'il importe le plus de donner à la jeune fille quand elle commence d'agir par elle-même, c'est qu'il doit y avoir pour elle un idéal qui domine toutes les mesquines entraves qu'imposent les occupations de sa position sociale [1] ». Parents, institutrices, amies, doivent l'aider à se le former et à l'avoir toujours sous les yeux.

On peut faire sien, par exemple, l'idéal de la femme moderne dont parle Stuart Mill dans « Subjection of women » :

« Ce serait de réaliser une personne complète dans toutes ses facultés, propre à toutes les tâches et à toutes les épreuves de la vie ; mais qui les accomplirait avec une grandeur d'âme, une force de raison et une tendresse de cœur très au-dessus de ce qui a lieu maintenant, sauf peut-être chez les plus admirables caractères, dans leur moment de plus grande exaltation ! Si cet idéal a jamais été offert au genre humain, c'est dans le Christ ;

---

1. Emily Schiref. *Intellectual education*, (Ed. Smith elder and C°).

et je ne vois pas ce qu'on pourait demander de mieux soit à un homme, soit à une femme, que de lui ressembler. Ce serait aussi profondément réel que poétiquement élevé. »

Ou bien aussi, celui que M. Sertillanges nous propose [1] :

« On peut entrevoir, dit-il, des femmes idéales, docteurs bienveillants, conseillères écoutées, administrateurs sages, inspiratrices du devoir et organisatrices du bonheur, qui seraient, comme la Vierge âgée au milieu du groupe des disciples, la ressource suprême et comme le point d'attache de la vie. »

« Elles représenteraient le passé divin de l'existence, comme son avenir immortel. Attachées de cœur à Celui pour qui l'œuvre des générations est une flamme destinée à monter toujours, égrenant avec leurs jeunes

[1]. Abbé Sertillanges, *Féminisme et Christianisme*, p. 307 (Lecoffre).

sœurs les privilèges unis en leur modèle,
Marie, elles feraient voir dans la femme
chrétienne de demain, la vierge, l'épouse,
la mère, la protectrice de la famille universelle, la gardienne du foyer de Dieu [1]. »

Ou bien encore, conservant ces belles
images comme une sorte de toile de fond,
on peut envisager quelque modèle plus
accessible, plus rapproché de nous ; ou
même entreprendre de réaliser certains
caractères que nous avons sous les yeux et
qui méritent aussi notre admiration.

Et ne pensons pas qu'à regarder ainsi vers
les cîmes, nous ayions à redouter le puits
de l'astrologue : plus notre idéal sera élevé,
plus il sera en même temps que l'aimant qui
soulèvera notre volonté au-dessus d'elle-
même, le dictame qui nous donnera la force
de marcher et la lumière qui nous guidera

1. Abbé Sertillanges, *Féminisme et Christianisme*. (Lecoffre).

vers le but précis et pratique que nous
devons aussi envisager. « Le but final est
bien de créer à la femme une personnalité,
de mettre en elle de quoi réaliser une destinée qui lui appartienne ; et, par là, de lui
apprendre aussitôt que possible à penser et
à bien penser, à vouloir et à bien vouloir, à
se conduire et à bien se conduire par elle-
même ; je veux dire par des motifs jugés,
l'âme s'étant mise en peine de vivre pour son
compte, ou de revivre, quand elle l'a reçu
d'autrui, la pensée et l'inclination morale
qui la guide [1] ».

Ce qui nous ramène à notre proposition
de début (ch. I, p. 10). L'objet de la volonté
humaine est le *bien*, le *souverain bien* ; mais
c'est là un but trop général, trop lointain
des préoccupations habituelles de notre
esprit pour ne pas demeurer assez imprécis ;

[1]. William Murray (Macmillan), *Montréal.*

il est essentiel de spécialiser davantage.

Devenir une personne de volonté est un objectif excellent aussi, mais trop vague ; il y a mieux, au moins dans la pratique. Le voyageur qui entreprend de gravir une montagne escarpée se propose, il est vrai, d'atteindre le sommet ; mais s'il a un bon guide, il procèdera par étapes successives, franchissant d'abord la zone cultivée, puis la mer de glace, ensuite le passage difficile ; et après qu'il y sera parvenu, son courage envisagera sans effroi les dernières fatigues et la suprême escalade.

Il en est de même au moral, et pour continuer la comparaison, avant de nous mettre à la conquête de la volonté, étudions les difficultés, prévoyons les obstacles, réunissons pour l'emporter avec nous tout ce qui peut nous être plus utile, en un mot habituons-nous à réfléchir et à raisonner.

Ce n'est pas à des raisonnements encombrés de mots dont beaucoup sont pour nous comme des épis légers ou vides, que nous sommes conviés ; mais à vivre dans un état de demi-tension qui nous maintienne dans la direction que nous avons choisie, qui la rectifie au besoin, en relevant souvent « *le point* ».

C'est aussi à prendre possession de nous-mêmes, en y faisant une sorte de solitude intérieure, qui nous permette de vivre dans le monde de la pensée au milieu du monde ordinaire : « Maîtrise de soi, en effet, implique reprise de soi sur les mille suggestions du monde extérieur, elle implique aussi la domination de l'intelligence sur les puissances aveugles de la sensibilité [1] ». Et c'est par cette domination que nous pourrons émouvoir la volonté et la déterminer à agir.

1. W. Murray (Macmillan), *Montréal.*

L'action est donc l'objet de toute l'éducation de la volonté; c'est en agissant qu'on
arrive à la parfaire. C'est à force de poser
des actes de volonté, des actes énergiques
multipliés qu'à la longue se forme la volonté,
je parle « de la volonté agissante, de la volonté
qui ne se repose pas une minute de ses obligations, et, sans nervosité ni lassitude, lente-
ment, mais sûrement, se nourrit, se fortifie,
de ses propres actes [1] ».

Allons donc de l'avant, profitons pour agir
de tous les dons qui nous ont été départis ;
et s'il s'agit des enfants dont nous avons
à « *Construire le Caractère* », essayons-nous
d'abord à faciliter les actes semi-conscients
ou mêmes automatiques qui peuvent, soit
acheminer indirectement vers le bien, soit
en demeurant indifférents, servir d'exercice
à la volonté. « La plupart des actions qui

1. Payot, *Education de la volonté*, p. 135 (Alcan).

nous sont habituelles sont accomplies sans effort et sans décision expresse ; nous voyons une porte ouverte, nous nous levons pour la fermer ; nous sommes au lit et nous sommes saisis de l'idée que nous serons en retard pour le déjeuner : nous nous levons sans y penser [1] ».

Passons ensuite à des actes plus volontaires ; et s'il y faut des efforts, ne les présentons pas tout d'abord ensemble à ceux qui doivent les accomplir et qui pourraient en être rebutés. Aidons-les à appliquer aux difficultés une tactique progressive qui permettra de les aborder et de les vaincre ensuite séparément avec une plus grande facilité.

Si je trouve nécessaire de me rendre désormais à pied de mon domicile très lointain, à la Sorbonne, au lieu de mesurer la distance qui me sépare du cours que j'ai à

1. Payot, *Education de la volonté*, p. 137 (Alcan).

suivre et de la place que j'y occupe ordinairement, je penserai à l'amie malade qui
demeure sur mon chemin et dont je veux
avoir des nouvelles, au bouquiniste qui m'attire sur le quai ; ainsi mon exercice forcé
me deviendra possible, et même agréable.

Mais c'est surtout de provoquer, de diriger
les actes accomplis avec le concours de l'attention, que les parents et les éducateurs
doivent se préoccuper continuellement.

« Dans tous les cas où l'action est appelée
proprement volontaire, il y a choix, délibération ; plusieurs idées sont en conflit, et
d'autant plus que le champ de conscience
est plus étendu (voilà ce qui explique pourquoi tant d'idées traversant notre cerveau, si
peu produisent des conséquences). L'action
volontaire est donc à chaque instant la ré-
sultante des forces combinées de nos impulsions et de nos inhibitions [1]. »

1. William James, *Talks to teachers* (Longman, Green and Cº).

On voit combien il est indispensable d'enseigner à analyser les motifs déterminants
de chaque mode d'action. L'intelligence doit
ici s'exercer pour choisir dans le conflit des
alternatives possibles ; car la plupart des
inconstants, des indécis, des faibles, sont
ceux qui ne discernent pas clairement la pré-
pondérance des raisons pour ou contre telle
manière d'agir. C'est à éclairer, à fixer ces
jeunes esprits dans la vérité, qu'il faut s'attacher.

II

Dans tout le cours de cette étude, nous
avons supposé chez les éducateurs le désir de
bien faire ou tout au moins de faire pour le
mieux ; et des principes suffisants de religion et de morale pour élever l'enfant dans
la vérité. Pas un instant, nous ne les avons
cru capables de s'être laissé séduire par ce

que nous appellerons les théories de l'attente : attendre que l'arbre ait achevé de croître pour s'aviser de le faire pousser droit, attendre que l'enfant se soit développée dans l'incertitude, livrée sans défense à ses instincts les plus bas, à ses égoïsmes les plus monstrueux, pour lui faire choisir une croyance et une loi morale, c'est absolument agir au rebours du bon sens ; mais c'est en même temps mettre un obstacle invincible à l'éducation de la volonté. Bien au contraire, nous supposons qu'on a donné à l'enfant, dès son début, le « préjugé du bien », et qu'on lui en a enseigné, dès qu'on l'a pu, la théorie ; car « la vérité n'est pas seulement une idée qu'il faut connaître, c'est un régime qu'il faut suivre, c'est un regard qu'il faut occuper de la vue du bien et du beau [1]. »

Cette vérité, on aura cherché à la faire

1. Marion, *Leçons de morale*, p. 95 (Colin).

pénétrer dans les jeunes âmes d'après les principes de la morale la plus pure et de la plus saine philosophie ; bien mieux, on l'a appuyée sur les enseignements de l'Evangile ; et, d'après l'Evangile, sur les idées de famille, d'autorité, de devoir, de solidarité morale. C'est dire que si l'éducation de la volonté a atteint son but, la formation de la conscience s'est faite en même temps.

La conscience est le sentiment que le Créateur a mis en nous de ce qui est bien et de ce qui est mal. Ce sentiment existe chez tout homme jouissant de ses facultés, mais il peut être plus ou moins développé, suivant qu'on l'a cultivé davantage, que la pureté du cœur est demeurée plus entière, et qu'on a pris ou accepté l'habitude de tenir compte ordinairement, des conseils de cette conscience et du sentiment de la responsabilité en face du devoir.

Pour tous, il y a des devoirs; en nous apprenant à les connaître, à les remplir, nos éducateurs nous ont rapproché de l'objet même de la Volonté, qui est le *bien;* or, le service du bien est de faire son devoir, et le mal de s'y refuser. C'est de quoi nous sommes responsables; plus ou moins, suivant les lumières de notre conscience, notre capacité de réflexion, les notions plus ou moins étendues que nous possédons de toutes choses, en particulier des lois positives : lois de Dieu, règles morales, devoirs sociaux.

La justice divine, omnisciente et infaillible, peut seule mesurer, à ce sujet, nos obligations; c'est pour cela qu'il n'appartient à personne de juger les autres équitablement; mais, que nous soyons tous responsables de nos actes, c'est une certitude qu'il faut avoir et faire partager à nos jeunes filles comme la conséquence de la liberté de leurs actes.

Dans la volonté de l'homme de bien, liberté
et devoir ne font qu'un ! Le devoir se présente à nous sous forme de lois, aucune
conscience ne pouvant se passer de la loi.

« C'est chimère de s'imaginer une conscience qui se développerait à elle toute
seule. Dès que l'homme prétend dépasser
l'animalité, il lui faut se servir de mots, de
concepts, de règles, donc de ces généralités
abstraites dont la loi est le résumé et l'expression la plus autorisée [1] ».

Cela n'a pas besoin d'être prouvé à des
chrétiens, vivant ou prétendant vivre sous
la loi de Dieu et y trouvant l'affirmation et
l'appui de leur conscience. Donc, en face de la
Loi, loi de Dieu, loi de la conscience, loi de
solidarité humaine, nous choisissons nous
notre responsabilité.

[1]. Emile Boutroux, *La Conscience individuelle et la loi* (Revue de métaphysique et de morale, 1906).

Les femmes sont peu habituées à tenir compte de toutes ces choses ; douées d'une vive sensibilité, elles se laissent guider même vers le bien, par le cœur bien plus que par la raison, sans peser les conséquences de leurs actes, ni leurs responsabilités. Cependant, celles au moins qui sont religieuses devraient l'avoir appris : bien longtemps avant qu'il entrât dans l'esprit de qui que ce soit d'accorder aux femmes la liberté de leurs actes et de les traiter comme des personnes, le christianisme proclamait les droits de la conscience féminine, et la traitait comme libre et responsable en face du devoir ; libre par conséquent de disposer de son âme pour le bien comme pour le mal, libre aussi de son corps qu'elle pouvait garder vierge ou donner dans une union librement consentie.

On peut se rendre compte, à l'heure ac-

tuelle, encore plus qu'aux époques précé-
dentes, de la valeur du bienfait que nous
avons reçu ainsi ; il contenait en germe tout
ce que nous avons gagné depuis.

Le sens de la responsabilité ne saurait
être trop développé chez les femmes : elles
en ont une très grande, comme toutes les
autres créatures humaines, mais de plus que
les autres, vis-à-vis de leurs enfants, petits
enfants, de toutes les générations sorties de
leur sein, vis-à-vis de tous ceux sur lesquels
leur action, leur influence s'étend dans la
famille ou dans la société, et auxquels chacune de leurs fautes imprime une tare ou un
recul.

Que si elles vont plus avant dans cet ordre
d'idées ; si ayant reçu le don de comprendre
les misères sociales qui les entourent, elles
se trouvent avoir aussi le temps, les moyens,
le pouvoir de les secourir et qu'elles s'y refu-

sent au moins doivent-elles savoir qu'elles répondront à Dieu et à leur conscience du bien qu'elles auront omis. Puissent-elles, au contraire, se servir de toutes leurs forces pour pressentir « une autre destinée : la communion de sentiment, c'est-à-dire de souffrance et de dévouement avec leurs frères pour les aimer, travailler pour qu'ils deviennent bons et heureux [1] » ; et faire cela dans la mesure de leur amour du bien, de leur croyance dans le monde invisible, qu'elles désirent mériter.

Si nous sommes responsables, si nos actions peuvent entraîner pour notre propre conscience et pour celle des autres de si sérieuses conséquences, il est essentiel de faire entrer ces idées de responsabilité et de devoir dans les délibérations intérieures qui précèdent chaque action ; et sur lesquelles

1. Boutroux, *Entr'aide familiale* (Conférence faite à l'école des mères. Bibliothèque des parents et des maîtres).

nous devons veiller aussi bien chez nous-
mêmes que chez nos élèves. Efforçons-nous
de réaliser en elles un type mental supérieur
qui voie d'un coup d'œil les raisons favora-
bles à l'action et les raisons défavorables ;
et qui, au lieu d'en être paralysé, agisse en
tenant compte du contenu entier de la conscience.

Il en sera ainsi si nos enfants sont munies
d'idées justes, pour qu'elles les retiennent ;
et si nous les avons exercées en présence
de ces idées à des habitudes d'actions défi-
nies.

Voici un exemple de délibération mentale
conduisant à un acte positif : une jeune fille
généreuse, enthousiaste, exaltée par les
exemples qu'elle a sous les yeux, est sollicitée de s'engager pour trois mois dans nos
services d'ambulance près du front : cette
offre la séduit. Cependant, elle pense à ses

parents qui ont leurs fils à l'armée, au père
âgé et infirme qui a besoin de soins qu'elle
seule sait lui donner, et, sans hésiter, se
résout à rester près des siens. Sa décision
est nette, sa réponse immédiate est conforme
aux idées de dévouement, d'oubli de soi, de
devoir auxquelles elle a été habituée. A plus
forte raison, sera-t-il facile de choisir, si, au
lieu d'actes également nobles, notre réflexion
doit opter entre un acte excellent et un autre
visiblement inférieur !

En résumé, la volonté est une activité
réfléchie ; elle doit donc appuyer son action
sur le raisonnement et l'attention : attention
et raisonnements familiers et rapides auxquels il faut bien se garder de donner les
proportions d'un débat parlementaire ; mais
si habituels qu'ils en deviennent simplifiés et
faciles. Ils nous préservent à la fois de la
précipitation et de cette sorte de fièvre,

presque sportive, qu'engendre la multiplicité des actes.

« Il s'agit, en effet, pour exercer la volonté,
plutôt d'en accomplir un grand nombre de
petits, que d'entreprendre de grandes choses.
Bien plus que par les élans d'où l'on retombe
quelquefois d'une chute plus profonde, c'est
par les petits sacrifices, les gains modestes
que l'on accroît son empire sur soi-même,
que l'on augmente sa force morale; peu
suffit à chaque jour, si chaque jour acquiert
ce peu [1] ».

Nos actes, les plus insignifiants en apparence, un sourire gracieux à qui nous dé-
range, le prêt d'un objet qui ne sera peut-
être pas rendu, le don du verre d'eau de
l'Evangile, tout cela répété pendant des
semaines, des mois, des années, forme avec
le temps un total énorme qui s'inscrit dans

1. Payot, *L'Education de la volonté*, p. 141 (Alcan).

la mémoire organique, sous l'espèce d'habitudes indéracinables. Sans revenir sur ce qui a été dit précédemment, sur la force des habitudes et l'importance que nous devons y attacher, il faut nous bien rendre compte de l'avantage de ces actes réitérés pour acquérir la plus précieuse de toutes les habitudes : celle de nous servir de notre volonté, afin d'en obtenir la maîtrise.

On fera donc agir pour exercer la volonté ; mais il en sera d'ailleurs comme des exercices militaires ; tous les sujets ne s'y prêtent pas également, quelques-uns même se refusent à marcher. Les enverrons-nous à la salle de police ? en d'autres termes, essaierons-nous de briser la volonté qui nous est rebelle ?

Tout fait prévoir que l'instrument brisé n'en deviendra pas meilleur ni surtout plus flexible. Mieux vaut tourner en ce cas la difficulté, conduire l'enfant par des associations dérivées tout près de l'obstacle qui n'a pas été franchi, patienter, revenir à l'œuvre, et remporter enfin une victoire laborieuse, mais certaine. Ainsi procède le cavalier qui, après avoir présenté en vain sa monture à la haie ou à la rivière, l'y ramène par un détour, la calme et la flatte de la voix et du geste, jusqu'à ce que son cheval ait sauté à l'endroit précis où il s'était dérobé d'abord.

C'est là un changement de méthode, non une abdication d'autorité.

III

Ici se pose la grave question des punitions; car enfin, il y a des chevaux vicieux qu'on ne peut dresser, il y a des enfants opiniâtres qui se refusent jusqu'au bout au bien et à l'effort.

Quelques-uns, et non des moindres, pensent

qu'on peut, sans aucune sanction, élever un enfant, le former au bien, le corriger de ses défauts, lui imposer même certaines lois morales, accomplir en un mot toute l'œuvre éducatrice ; je les suppose de bonne foi et sans autres illusions que celles de l'ignorance et d'une trop grande générosité.

Eh bien ! qu'ils essaient ! J'attends leur réponse.

Pour nous, qui avons essayé, au cours de notre expérience nous avons eu affaire à des volontés blessées, débilitées ; souvent aussi, à des intelligences pleines de ténèbres ; nous avons trouvé dans les meilleures natures tant d'imperfections et de lacunes, vraiment inexplicables autrement que par le dogme de la déchéance originelle, que nous croyons fermement, que pour relever et restaurer tout cela, aucun moyen d'éducation ne saurait être systématiquement écarté. Il y a d'ailleurs des fautes qui ne sauraient rester impunies, des êtres, auxquels il est impossible d'imposer des lois sans en appliquer les sanctions. Il n'en est pas moins vrai que le devoir de sévir est toujours un acte délicat, il doit être pratiqué par des mains habiles, demeurer d'une application relativement rare ; et plus rare encore quand il s'agit de l'éducation de la volonté.

Les punitions à préférer seront surtout celles que nous imposent les conséquences même de nos fautes. On fera bien le plus souvent de les laisser se produire et que l'enfant puisse en souffrir ; on tâchera de lui faire comprendre pourquoi il souffre et pourquoi on ne vient pas à son secours.

J'ai connu un enfant insupportable par son insistance à vouloir, avec excès, manger des plats qu'il aimait. On s'est résolu à le laisser

faire deux ou trois fois ; les indigestions qui
ont suivi et dont les parents ont eu le courage de lui laisser supporter la souffrance
sans intervenir, l'ont guéri pour jamais de
sa gourmandise. Si une jeune fille, par sa
négligence à se préparer à temps, fait attendre sa mère et résiste à tous ses appels ; au
lieu de se fâcher, de menacer, ne vaudra-t-
il pas mieux la conduire au cours, chez
l'amie, à la réunion presque achevée, sans
se presser et sans récriminer, mais en l'obligeant à entrer, à subir la confusion de cette
arrivée tardive, et pour laquelle on ne lui
laissera pas donner de fausses excuses :
observations du professeur, sourires des ca-
marades, ou bien plaisir manqué, tout cela
vaudra mieux que tout ce que nous pourrions
dire.

Ces procédés sont affaire de sujets, de
circonstances. Il en est de même de degré

de surveillance à exercer sur telle ou telle enfant.

Ne perdons pas de vue cependant le but que nous poursuivons ; ce n'est pas de consolider les lisières, ni même de les fleurir, mais d'apprendre à s'en passer et surtout à n'en avoir pas besoin.

A l'étranger, en constatant la surveillance continuelle que les mères françaises exercent sur leurs filles, « on les accuse d'en avoir créé le besoin pour avoir manqué d'assouplir l'intelligence et d'éclairer suffisamment la conscience de ces enfants »[1]. Cette réputation n'est heureusement pas entièrement justifiée, mais prenons garde qu'elle n'ait quelque fondement. Rendons capables nos jeunes filles de se surveiller elles-mêmes, sous, notre contrôle intelligent.

Toutefois, et au-dessus de tout détail, de

[1]. Anna Brackett, *Education of american girls* (Sutman's sons).

tout procédé, le principe demeure : c'est que l'œuvre d'éducation que nous avons entreprise est ardue et extrêmement délicate ; ce qui est une raison de plus de la poursuivre et de la mener à bien, et une démonstration de sa nécessité.

CHAPITRE VIII

QUE FAUT-IL VOULOIR?

I

Voici qu'on me pose une grande question, qui, de tout ce qui précède, se trouve singulièrement élargie : Nous avons essayé d'apprendre à vouloir. Que faut-il vouloir ?

Il me semble qu'on peut résumer tout le travail de cette étude et la conclure en répondant : ce qui se doit, ce qui convient, ce qui est utile.

Ne sommes-nous pas, en effet, semblables à l'ouvrier, pourvu d'un outil perfectionné, dont il connaît le nom et l'usage, qui a appris

à travailler, mais qui se demande à quoi il em-
ploiera sa maîtrise, quel atelier lui convien-
dra, par quel ouvrage il devra commence r ?

Au moins, de plus que lui, avons-nous con -
naissance de notre place dans l'armée du
travail intellectuel et moral ; la préparation
de nos parents, le choix qu'ils ont fait de no s
maîtres, les principes qui ont dirigé notr e
éducation, nous ont engagées à l'œuvre du
bien, fort avant notre consentement entier.
Il semble qu'il ne nous reste plus qu'à le con-
firmer pleinement et à embrasser la loi
que nous avons été, dès longtemps, pliée s à
observer. Cependant, on ne verra pas sans
surprise que, tandis que l'ouvrier s'incline si
aisément devant ses obligations professionnelles, que même il en cherche de plus étroi-
tes dans des groupements syndicaux, nous
délibérons, nous marchandons encore quand
il s'agit de reconnaître les engagements qu'on

a pris en notre nom, il est vrai, avant que nous puissions comprendre et vouloir par nous-mêmes, mais dont nous avons accepté peu à peu les détails, à mesure que nos facultés ont grandi. C'est que nous n'avons pas encore assez compris la nature de la Loi et de l'idée du Devoir.

Par ce terme : la Loi, nous avons entendu, au cours de cette étude, surtout la loi divine, qu'elle soit inscrite en nous dans la conscience ou définie et promulguée en lois positives, par l'Evangile et la Religion. Quand nous avons entendu parler de Devoir, c'est des obligations primordiales ainsi formulées qu'il s'est agi d'abord.

Qu'il y ait d'autres lois positives auxquelles nous devions aussi nous soumettre, cela n'est pas douteux ; mais nous n'avons pas à prêcher ici le respect du droit commun, devant lequel les femmes s'inclinent très volontiers

le plus ordinairement ; que si quelques-unes
parmi nos sœurs les plus fortunées pouvaient être tentées, pour ajouter à leur nom
une particule ou un titre, ou pour exagérer
la vitesse de leur automobile, de s'affranchir
des règles édictées en matière d'état civil ou
de locomotion intense et dangereuse, faut-il
leur dire qu'elles ont tort ? Elles le savent
parfaitement. Elles n'ignorent pas non plus
qu'elles doivent donner l'exemple de la soumission aux lois humaines de leur pays, toutes
les fois qu'elles ne sont pas contraires à leur
conscience, éclairée par la loi naturelle et la
foi religieuse.

S'il leur fallait choisir entre la loi de Dieu
et celle qui leur paraîtrait lui être opposée,
elles sauraient prendre l'attitude qui leur
convient essentiellement : aussi éloignée de
l'obéissance passive qui serait coupable, que
du refus violent, où elles risqueraient de dé-

passer leur droit et de compromettre leur
juste cause, «mais, distinguant entre l'autorité que la chrétienne doit respecter quand
même, et les agissements que sa conscience
réprouve, elles accepteront la première et
repousseront la seconde.[1] » Bien davantage,
elles s'efforceront par tous les moyens di-
rects ou indirects dont elles pourront disposer d'amener le retrait des lois injustes :
« Le monde n'est pas fait pour tourner tout
seul, la main de chacun, si petite qu'elle soit,
doit se poser sur la roue pour lui faire éviter
les abîmes.[2] »

Hors de tels cas, malheureusement à prévoir dans l'état actuel des choses, l'observa-
tion des lois positives humaines est pour la
femme un devoir relativement facile. Mais
facile ou non, aucun de ceux qui se présen-

1. Abbé Sertillanges, *Patriotisme et vie sociale* (Lecoffre).
2. *Id.*

tent à elle ne doit être au-dessus de son
courage ni de son effort ; et dans ce sens il
faut que les petits sacrifices la trouvent prête
aussi bien que les actes héroïques. Je connais
des jeunes femmes parfaitement capables de
donner leur vie pour une noble cause, mais
qui le sont tout autant de laisser perdre leur
ménage et leur bonheur plutôt que de s'as-
sujétir à être en ordre, elles et leur maison,
à l'heure du déjeuner !

Le Devoir, la Loi s'imposent à notre nature morale tout aussi impérieusement que
les règles de l'hygiène à notre nature physique, et leur méconnaissance entraîne dans
les deux cas les mêmes sanctions : la souffrance et la mort.

Quant à nous, « notre conscience ne peut
sans se renier, sans se réduire à l'isolement
et à l'impuissance, mépriser ou tenir pour
de simples lisières extérieures les lois qui

l'ont élevée, qui lui ont fourni le point de
départ nécessaire à son développement ra-
tionnel. [1] »

Il est donc essentiel que notre premier
acte pleinement consenti, comme ceux qui
suivront, à mesure que notre volonté, en
possession de toutes ses forces, deviendra de
plus en plus capable et consciente, soit l'adhésion complète à tous les principes de notre
éducation, à la Loi, au Devoir. Car, autre
chose est de subir cette Loi fatalement, parce
que notre nature nous y force, autre chose
est l'acte libre qui nous incline devant une
r ègle dont nous reconnaissons la sagesse,
alors même que nous n'en comprenons pas
toutes les raisons :

La conséquence de cet acquiescement à la
Loi, au Devoir, est la liberté ; cette liberté

1. Boutroux, *La conscience individuelle et la Loi* (Revue de
métaphysique et de morale, 1906).

qu'on poursuit ailleurs par des utopies si
retentissantes et si trompeuses, par des mots
si sonores et si vains, c'est au dedans de
nous qu'il faut la chercher. « Demandez, dit
Joubert, des âmes libres plutôt que des
hommes libres ; la liberté morale est la seule
importante, la seule nécessaire, l'autre
n'est bonne et utile qu'autant qu'elle favorise
celle-là. »

On pourrait donner beaucoup de raisons
philosophiques à l'appui de cette vérité ;
mais on n'en retient ici qu'une seule, qui est
d'ordre expérimental : la soumission à la
Loi, au Devoir, nous affranchit aussi bien
qu'elle supprime la faiblesse et la peur, par
le sentiment intime et sûr qu'elle nous apporte : *la paix et la joie d'une bonne conscience.*
De plus, elle nous donne le sens de la vie qui
n'est pas au fond très différent de ce qu'un
grand romancier, dans un livre récent, appelle *le sens de la mort.*

C'est dans cette liberté, ainsi soumise et ainsi affranchie, que nous concevrons nos autres actes volontaires, cherchant d'abord notre bien, notre progrès moral et intellectuel, cherchant aussi, dans les limites que nous avons consenties, en acceptant la Loi, notre bonheur et notre repos actuel.

Il y a dans ce consentement, dans cette soumission, une grandeur morale, une dignité magnifique, le développement de nos meilleures forces et l'élévation de tout notre être : c'est la liberté des enfants de Dieu, qui planent au-dessus des boues et des petits sentiers de ce monde, toujours plus rapprochés du Souverain Bien, leurs larges ailes ouvertes à tous les souffles généreux.

II

.Saint Paul a dit : « Tout m'est permis, mais tout n'est pas expédient ».

Ce texte est presque celui de notre seconde proposition : après avoir voulu ce qui se doit, et avoir ainsi conquis la liberté morale, il faut s'efforcer de vouloir ce qui convient et dans la mesure qui convient.

« Lorsque l'on étudie l'existence féminine, on est frappé de la foule de petits détails dont elle se compose, détails qui se présentent à tout instant et sous une forme si irrégulière : « Un enfant réclame des soins, un commerçant dont dépend le confort de la maisonnée est là qui attend une réponse prompte, une personne malheureuse vient chercher un secours ou un conseil, les malades, les

vieux, les tristes, les découragés, comptent
sur notre aide et sur le rayon d'une heure
agréable, ils nous appellent et nous récla-
ment [1] .»

Qui ne voit l'importance de l'ordre et de
la suite dans une vie faite d'occupations si
essentielles, mais si menues et si multiples, la
nécessité de déterminer la convenance de
telle ou telle action, la préséance qui appartient à quelques-unes sur les autres. Si notre volonté n'intervient pas, si notre choix
n'est pas fixé d'avance, nous risquerons fort
de nous laisser envahir par toutes les tenta-
tions de paresse et de frivolité qui peuvent
entrer dans une vie de femme, l'annihiler ou
même la perdre.

Sous ce rapport, « c'est un des avantages
du foyer sur l'école, que l'initiation des jeunes filles à ces détails journaliers à la mai-

1. Emily Shireff, *Intellectual education.*

son maternelle, où l'habitude des occupations
est enracinée dans les intérêts et les devoirs
de la famille . »

La convenance doit limiter le temps du
travail et celui du repos, car nous devons
vouloir aussi le repos ; ce n'est pas une
chose indifférente que de lui assurer la forme nécessaire à la production des forces
exigées par une vie laborieuse. Les soins de
sa personne sont aussi pour la femme une
question de convenance. Il lui faut naviguer
entre deux écueils : la coquetterie et la négligence, et des deux, compter que le second
est le plus redoutable.

Il y a en effet des jeunes filles que la recherche d'un mari hypnotisait devant leur
miroir et dont l'extrême vanité était vraiment condamnable en ce temps-là. Les mê-

1. Emily Shireff, *Intellectual education* (Ed. Schmith elder
and C°).

mes, le mari trouvé, passent à l'excès contraire, et à quelque classe qu'elles appartiennent, oublient les soins les plus élémentai-
res. On les trouvera souvent chez elles dans
des vêtements négligés, les cheveux en désordre, hélas, à peine lavées ! les boucles
savantes, la poudre de riz, la mise élégante,
reparaissent pour les sorties et les réceptions
de l'après-midi ou du soir.

Pauvre mari ! surtout pauvres enfants !
car les hommes ont si vite mis leur chapeau
pour fuir un intérieur maussade, qu'on ne
saurait les plaindre bien longtemps. Je ne
les plaindrai pas davantage, s'il leur arrive
quelque mésaventure, après qu'ils auront
persuadé à leurs jeunes femmes de dépasser la
mesure des convenances dans l'effort qu'elles
essaient pour leur plaire : ils n'auront que
ce qu'ils méritent. Ne sont-ils pas responsables des initiations vicieuses, des déplo-

rables habitudes, des conseils pervertis si
nuisibles à la perpétuité de la race ; ou quand
on ne va pas aussi loin, à la dignité morale
d'une honnête femme ?

Eh ! bien non : je ne le pense pas ; au
moins pour la plus grande part, c'est la femme qui est responsable, en ce triste cas-là.
Si l'homme n'est pas un bélitre ou un fou, il
ne risque qu'à coup sûr certaines proposi-
tions, et si la volonté de la femme est formée,
si non seulement elle ne veut que le bien,
mais qu'elle le veuille comme il convient,
elle n'aura rien à redouter même de la part
du bélitre et du fou ; que si c'est son amour
qu'on outrage, on en brisera peut-être pour
jamais le vase fragile, mais l'attaque n'en
sera que plus absolument repoussée.

La place que l'on occupe dans le monde
est encore une question de convenance ;
l'ambition d'en avoir une meilleure peut

nous être très légitime, et les moyens pour
y arriver, très licites, comme nous pouvons
être inhabiles à occuper une situation plus
élevée, ou dans l'impossibilité d'y arriver par
des manœuvres permises. Alors la moindre
réflexion nous suffira pour reconnaître combien la sagesse et la convenance doivent nous
rendre contentes, là où Dieu nous a mises.

Toutes ces questions et bien d'autres, qu'il
est impossible d'énumérer, sont des plus
complexes à cause de la diversité des personnes pour lesquelles elles se posent : une
femme d'ouvrier ou une châtelaine, une
mère de famille ou une très jeune fille, etc.,
etc. Il faut de plus pour les résoudre, de
l'intelligence et du jugement ; or, la maîtrise
de la volonté n'assure pas toujours de tels
privilèges. Cependant, si on ne les possédait
pas naturellement, l'éducation doit développer ces facultés, en écartant l'impulsion et

la fantaisie, que les femmes sont trop souvent
portées à prendre pour guides ; en accoutu-
mant à réfléchir, à peser les motifs pour ou
contre, en apprenant surtout *à voir les choses*
telles qu'elles sont, au lieu de les voir telles
qu'on désire qu'elles soient !

Là où tout ce travail n'aurait pas abouti à
la formation du jugement, il n'y a rien à espérer que du temps et de l'expérience. En
attendant que ces agents interviennent, souvent par de très dures leçons, la femme qui
en a besoin pourra commettre bien des
erreurs, ou, pour parler plus exactement,
bien des sottises, mais rien d'essentiel ne
sera compromis.

Quand il lui sera arrivé de se tromper et
à mesure qu'elle s'en apercevra, sa ferme
volonté d'aller droit la remettra dans le bon
chemin. C'est ainsi que la moindre lueur
suffit à guider le voyageur quand, fatigué du

voyage, il sent qu'il lui faut arriver à tout prix ; il n'aurait pas même aperçu la fugitive clarté quelques heures plus tôt, lorsque sa détermination de parvenir au but n'avait pas encore le caractère impératif.

III

Par ce temps si abominablement utilitaire, cette expression, *ce qui est utile*, éveille des idées de monnaies et d'affaires, qui paraissent bien étrangères à l'éducation de la volonté. Ce n'est pas le sens que nous voulons lui donner ici, bien qu'à vrai dire, la force de la volonté soit une monnaie précieuse qu'il ne faut pas jeter aux quatre vents du ciel, mais employer à quelque chose qui en vaille la peine.

Dans la plus sublime des prières, Dieu

lui-même nous a enseigné à demander, soit donc aussi à vouloir, notre pain de chaque jour : pain de l'âme d'abord, pain de notre esprit et de notre corps ; Il nous a appris à vouloir la paix, avec une telle fermeté que nous allions, pour nous l'assurer, jusqu'à pardonner toutes les offenses, à tous ceux qui nous ont fait du mal.

En dehors de ces grands besoins, de ces utilités primordiales, sur combien de choses bonnes et désirables peut s'exercer notre vouloir ! Notre élévation morale et intellectuelle, la conservation, le développement de notre être tout entier, et dans la limite de ce qui est permis, notre bien et notre avantage humain. Mais il faut prendre garde aux passions qui nous guettent, à l'égoïsme qui vit en nous, même chez les meilleurs.

J'ai entendu vanter une femme qui vivait encore dans ma toute première jeunesse ;

fille et femme de simples marchands, elle était arrivée par sa volonté persévérante, et sans aucun autre appui, dans un temps où le faubourg Saint-Germain était encore un terrain fermé et défendu, non seulement à s'y introduire, mais à y avoir de l'influence. On la traitait en égale, bien que son nom fut plébéien, et qu'elle n'eût d'autre part aucun de ces avantages exceptionnels qui créent une distinction ; on l'acceptait, on la voulait partout ! L'énergie (et il paraît qu'il lui en avait fallu dépenser une somme considérable) qu'elle avait ainsi employée à atteindre un but tout personnel, n'avait certainement rien de répréhensible ; n'aurait-elle pas servi plus utilement à l'avantage des siens, au bien social de tous ?

Depuis l'humble enfant dont nous avons pris la charge en l'amenant de son village à notre service, jusqu'à l'amie en détresse

morale, depuis le mutilé et l'orphelin de la
guerre jusqu'à la naufragée dont la belle
auto nous éclabousse en passant, il y a tant
de sujets de bon travail à vouloir et à faire!

Quand j'apprenais mon catéchisme, une
enfant comme moi posa cette question au
professeur qui nous parlait de la charité
envers les hommes : « Vous ne voulez pas
dire, Madame, que je doive aimer mon prochain qui court les rues? » C'était précisé-
ment de celui-là qu'il s'agissait alors, qu'il
s'agit encore pour nous autres femmes, comme du meilleur, du plus utile emploi qui
puisse être offert à notre volonté.

C'est en aimant, c'est en donnant non seulement nos biens, mais nos forces, notre
repos, notre cœur surtout, que nous serons
vraiment des âmes de bonne volonté, de
celles auxquelles la paix est promise et qui
savent la faire rayonner autour d'elles. « Ce-

pendant, sur ce chemin montant de l'effort, il ne faut jamais s'arrêter, mais pousser toujours plus avant. La volonté s'engourdit et perd tout son acquit dès qu'on cesse de l'exercer. Aussi ne devons-nous pas hésiter à nous remettre chaque matin en face des actes que nous avons à accomplir, pour répéter ce simple mot : *je veux*, et le rendre efficace, en donnant nous-même l'impulsion de la mise en marche, le léger coup de manette du mécanicien, au départ du train [1]. »

Ce mécanicien n'aura jamais le droit de dormir, autrement l'énergie première s'userait au point de s'éteindre complètement. Et rien n'est plus difficile et plus douloureux que l'effort nécessaire, après un arrêt, pour se remettre en route. La volonté n'aura son plein épanouissement que chez celle de nous

---

[1]. Guibert, *De la Volonté* (Poussielgue).

assez généreuse pour employer toutes ses ressources, avec persévérance, à la réalisation des plans qu'elle a sagement conçus.

Il nous a été donné bien des fois, dans notre vie, de rencontrer des femmes semblables : il y en a eu de tout temps, surtout dans notre race française, où les idées sont claires et l'esprit droit. Ce sont le plus souvent des âmes simples et sereines, dont le calme souriant nous attire ; mais quelquefois aussi des humbles, d'abord austère et un peu rude, des femmes du peuple dont une vie dure et difficile, des maternités nombreuses ont discipliné, armé la volonté ; ou encore de grandes chrétiennes que leur conception du devoir, un sincère amour de Dieu, ont dès longtemps préservées de nos hésitations et de nos faiblesses, et rendues capables de vouloir le bien, sans défaillance comme sans restrictions.

Mais cette force de volonté n'exclut pas la tendresse, elle la sert plutôt en la dirigeant. Ce serait aller au rebours du but poursuivi que de dessécher le cœur des femmes, sous prétexte d'éducation de la volonté. Et là même est toute la différence qui existe dans cette éducation, suivant le sexe qui en est l'objet : chez les hommes, elle doit surtout s'occuper de discipliner l'esprit ; pour les femmes, c'est la vie du cœur qu'il importe d'orienter.

C'est dans le sens des affections qu'il faut lui apprendre à gouverner sa vie, à se soumettre à la Loi, au Devoir, à vouloir le bien et à le réaliser ; soit à écarter, par un effort de volonté, les sentiments qui viennent de l'égoïsme ou de la sensibilité pervertie, et à régler, à préserver de tout excès, tout en les épanouissant, les fleurs des amours bénies, de la fille, de l'épouse, de la mère, de la

sœur de charité en robe de bure ou en robe
de soie !

Ainsi pour nous, tout sera dans l'ordre et
dans la vérité, car si quelque chose est essentiel, c'est de ne pas demeurer dans l'impré-
cision. C'était un de nos défauts d'avant la
guerre ; depuis qu'elle dure (hélas ! bien trop
longtemps), on a dit et écrit de très belles
choses, et sur l'éducation comme sur tout
le reste. Il est grand temps de passer aux
actes et d'ajouter, par une heureuse entente
cordiale, à toutes les admirables et nobles
qualités françaises, un peu de l'esprit pratique et sûr des anglo-saxons.

CHAPITRE IX

APRÈS LA GUERRE

I

A mesure que l'horizon s'éclaire et que la victoire se rapproche de nous, *puisse-t-elle devancer nos espérances !* tous les bons esprits se préoccupent justement des graves problèmes qui s'imposeront à notre attention, dès après la guerre : repopulation de la France décimée, reconstitution de notre trésor national, après le paiement de nos dettes, élimination des espions étrangers et des concurrents ennemis.

Si, pour toutes ces grandes œuvres les mains glorieuses de beaucoup de nos combattants se préparent à travailler avec le reste de la nation, combien de nos héros, las de combattre et de souffrir, n'aspirent qu'au repos. Ils y ont droit, certes ! Pourtant, comme les jours de bataille, si on ne poursuit l'ennemi l'épée dans les reins, on perd une partie des fruits de la victoire, il faudra bien les suppléer et les aider si nous voulons compléter notre triomphe et en assurer le résultat.

C'est pourquoi une grande partie de cette lutte d'arrière-garde sera naturellement du ressort des femmes. D'austères devoirs vont leur être imposés. Y sont-elles préparées ?

Leurs bonnes intentions, leurs sentiments patriotiques se sont, à leur honneur, largement affirmés; mais la coordination et le succès de leurs efforts nouveaux vont dépendre absolument de leur conception du bien et du devoir, de l'intensité et de la persistance de leur effort.

Jamais la nécessité de l'éducation de la volonté n'aura été plus évidente ; jamais les fruits qu'elle peut produire n'auront été plus nécessaires à obtenir.

II

Sans cesser d'être le charme de la Société française, la femme des temps nouveaux est appelée à en être la Conscience.

Tout d'abord, c'est à son patriotisme, à sa moralité, à son courage, qu'il appartiendra de multiplier les familles nombreuses et les enfants bien portants. L'exemple devra venir d'en haut, de celles qui n'ont à sacrifier que leurs aises, leurs plaisirs, leur coquetterie et même un peu de leur santé ; déjà plusieurs jeunes femmes du monde sont spontanément entrées dans cette voie et se sont assujetties à nourrir leurs enfants de leur lait, pour leur donner encore plus d'elles-mêmes, pour mieux accomplir leur devoir.

Il leur restera la tâche d'apprendre à leurs sœurs moins fortunées, dès qu'elles auront achevé de le bien comprendre, que le meilleur moyen de préserver d'une guerre future les enfants déjà nés, est de mettre au monde le plus grand nombre possible de petits français ; et qu'il vaut infiniment mieux, pour ces petits français, partager avec des frères et des sœurs leur bien de famille, que de ne pouvoir le défendre avec les forces d'un seul, contre de multiples ennemis ! Tant d'idées fausses ont pénétré notre mentalité qu'on aura de la peine à faire comprendre cette grande vérité, qui est cependant si nécessaire au salut de notre pays. Le christianisme seul a, dès long-temps, résolu la question et toutes les fois que nous saurons nous appuyer sur ses en-

seignements, nous convaincrons. Il ne s'agit
pas, en effet, de créer des mères poules,
semblables aux pondeuses allemandes, mais
des mères chrétiennes et françaises, capables de donner le jour à des créatures
humaines, et tout autant, de les élever, de les
ennoblir, d'en faire des citoyens intelligents
et forts, dignes d'une société de liberté
civilisée.

Et ces enfants nombreux, moins adulés
que le fils unique d'avant la guerre, moins
riches peut-être en biens mobiliers et immo-
biliers, le seront davantage en courage, en
initiative, en conscience, et possèderont ce
capital qui les fait tous : le goût et le moyen
du travail.

On ne fera pas cependant qu'il n'y ait plus
de peine à gagner la vie de plusieurs petits
êtres que celle d'un seul. C'est pour cela
que toutes les œuvres d'assistance et de cha-

rité devront être constituées en ce sens par
les meilleures initiatives privées ; pour aider
les mères de famille pendant les derniers
mois de leur grossesse et les premiers temps
de l'allaitement, pour assurer surtout la
plus grande somme de travail possible, aux
prix les plus avantageux, aux pères et aux
mères des familles nombreuses.

Ce sera là une partie de la tâche de celles
qui n'ont pas le bonheur d'être mères de
fait, mais qui le deviennent véritablement
chaque jour par l'adoption de toutes les
misères humaines ; dont l'abnégation, le
dévouement, conserve dès à présent, nourrit, élève les orphelins et les réfugiés de la
guerre, pourvoit à la rééducation, à l'utili-
sation des mutilés. Pourquoi ces admirables
et gracieuses marraines ne prendraient-elles
pas pour filleules les familles de cinq, six et
sept enfants ? Elles ne leur feraient pas plus

l'aumône qu'elles ne la font à leurs valeu-
reux soldats; elles leur donneraient seulement leur crédit, leur intérêt, leur affection,
et tout naturellement aussi leur secours
quand cela deviendrait utile.

III

Cependant tous ces efforts demeureraient
illusoires si, après avoir peuplé notre foyer,
nous ne le préservions pas des monstres
effroyables qui le guettent pour l'envahir et
le dévaster : l'alcoolisme et les deux redoutables maladies dont il est le précurseur et
le père.

Aucun esprit éclairé ne doute de la gravité du péril et il y a assez longtemps qu'on
crie au feu pour que nous soyions au courant de ces ravages. Personne d'ailleurs
n'est intervenu et il paraît bien que cette

abstention durera autant que l'incendie.

Pourrions-nous nous empêcher d'en res-
sentir une « souffrance noble et cruelle ?
Quelqu'un l'appelait un jour la douleur
métaphysique. Elle frappe presque sans
trève, elle trouble le travail, elle inquiète
le repos; elle rejette à tout moment la pensée dans la mêlée humaine; je veux parler
de l'angoisse du mal qui s'étend, qui gagne
de proche en proche, qui semble déjà triom-
phant. On écoute, on regarde, on se sent
pris de crainte, non pas d'une crainte lâche,
mais d'une crainte d'amour, pour son pays,
pour les enfants qui verront nos lendemains,
pour ce peuple de France qui boit tous les
poisons, qui ne peut plus se défendre contre
tant d'ennemis de son bon sens, de sa foi [1] »,
de sa vie morale et physique.

1. René Bazin, *Questions littéraires et sociales*, p. 202
(Calmann-Lévy).

C'est une terrible peine de sentir toute sa faiblesse contre toute la grandeur de ces maux. Nous en triompherons cependant, nous chercherons, nous trouverons nos moyens d'influence pour résoudre une question qui est de vie ou de mort pour notre race et pour tous ceux que nous aimons. Puisque nous ne pouvons prétendre à attaquer par la force l'hydre de Lerne et à couper ses têtes horribles avec une épée que nous n'avons pas, nous arriverons bien à retrouver le fil mystérieux avec lequel, aidées du signe de la croix, les saintes des temps passés enchaînaient les monstres et les réduisaient à l'impuissance.

D'ailleurs, dans nos jours douloureux, une dure expérience nous a ouvert les yeux. Nous avons touché du doigt dans nos ambulances les aggravations causées par l'alcoolisme, toute l'horreur des autres fléaux qu'il mène à sa suite. Aussi, qu'on n'attende plus de

nous de compromissions, ni de coupables
indulgences pour le fléau qui tue : tous les
moyens nous seront bons de ceux qu'on connaît et qu'on pourra connaître.

Tout d'abord chacune de nous s'occupera
de protéger sa propre maison et pour se mettre mieux à l'abri, celle du voisin — boycot-
tons les débits et les bars, causons avec nos
amies, nos voisines et nos ouvrières ; s'il le
faut avec le public lui-même ; encourageons
les cabarets où on ne donne pas à boire, les
cafés et les cercles où on ne vend que des
boissons hygiéniques. Par-dessus tout, rete-
nons chez nous, chez eux, les pères et les
fils. Il s'agit pour les unes d'avoir un ménage
bien tenu, d'un ordre parfait, d'une propreté
attirante ; pour les autres, de développer ce
mouvement en multipliant les écoles ménagères et tous les enseignements de l'écono-
mie domestique ; pour nous toutes enfin,

d'être d'une inlassable et accueillante bonne
humeur avec les chers hôtes de notre foyer.

Il y a aussi quelque chose à faire, et d'im-
médiat, pour celles d'entre nous qui sont
propriétaires de vignobles : c'est un grand
exemple à donner. Nous renoncerons les
premières à ce qu'on appelle le privilège des
bouilleurs de cru [1] et nous aurons ensuite
le droit, comme nous en avons dès à présent
le devoir, de demander à nos voisins et d'obtenir d'eux le même sacrifice. Quelque oné-
reux qu'il paraisse au premier aspect, il
sera très largement compensé par les facilités que la suppression de l'alcoolisme donnerait à nos exploitations agricoles. Ce n'est
pas un suicide par persuasion qu'on nous

---

1. Le texte de la loi du 30 juin 1916 n'a pas supprimé inté-
gralement le privilège, ainsi que le demandait M. Ribot : une
franchise d'impôts est accordée à tout bouilleur de cru à titre
de consommation familiale jusqu'à concurrence de 10 litres par
bouilleur. Ainsi, la porte reste ouverte à la fraude (Commentaire
des lois nouvelles, 1916, 3e partie, p. 303).

propose, c'est une mesure qui s'imposera
fatalement tôt ou tard, et qui ne peut être
avantageuse que si elle est prise à temps,
c'est-à-dire au plus tôt.

IV

Quant aux maladies, fruits de l'alcool, la
tuberculose et sa lamentable sœur, nous
trouverons pour les combattre un très pré-
cieux appui et une direction dont nous ne
saurions nous passer, dans cet admirable
corps médical français qui a appris à connaître et à apprécier notre concours autour
des blessés, dans les hôpitaux et les ambulances. Nous lui demanderons de nous éclairer, de nous guider dans notre campagne,
nous répandrons ses enseignements, nous
ferons entendre sa voix dans la plus reculée
de nos bourgades. Et puisqu'on reproche

aux femmes, justement ou non, de parler un peu trop, nous ne cesserons pas de le faire utilement, pour propager les instructions salutaires sur le devoir de consulter et d'agir dès le début de l'affection morbide, sur les moyens de guérison possibles, sur les précautions à prendre pour préserver.

Nous encouragerons à soigner sans peur, quoique sans imprudence, à espérer et à faire espérer ceux qui sont frappés, à éloigner le mal des bien portants, et parmi eux surtout des jeunes, petits et grands. Tous les soins minutieux d'hygiène nous les prendrons, — veillant à l'aération, à la propreté des écoles, des intérieurs pauvres ; — et dans nos intérieurs même, aux logements et à la moralité de nos domestiques et de nos enfants. Le salon sera moins vaste, mais les chambres des petits et celle de la servante le seront davantage, et nous saurons prendre une foule d'excellentes mesures du même genre dont le séjour à la campagne serait la meilleure, si elle pouvait être obtenue.

Nous ne craindrons pas de regarder en face le péril que nous voulons conjurer. Je ne sais qui a dit : « *pour les purs, tout est pur* ». Les yeux des plus honnêtes femmes s'ouvriront sans se ternir sur les horreurs dont ceux qu'elles aiment pourraient avoir à souffrir. Quand elles sauront bien, elles seront courageuses. On n'en trouvera plus pour sourire aux mots : *les premières sottises* ou pour répéter, « *il faut que jeunesse se passe;* » mais gémissant de tout leur cœur sur tout ce qu'elles ne pourront empêcher, elles lui donneront son vrai nom — *le mal* — en face de tous les intéressés, et se dévoueront à hâter, à préparer le mariage précoce de leurs enfants.

La situation qu'ils ont à se faire, la dot à

amasser pour eux, la belle-fille à éloigner
parce qu'on la déteste d'avance, mentalités
d'avant la guerre, mentalités d'ignorantes.
Nous voulons le bonheur de nos fils, la création d'un foyer français où tout le monde se
porte bien; et si nous sommes mère de filles,
nous ne pouvons plus les sacrifier à des gens
arrivés, qui ont profané leurs corps et leurs
âmes au service de leurs plaisirs ou de leurs
ambitions. Nous savons vouloir et vouloir le
bien. Que nous importe ce qu'il nous en
coûtera pour l'obtenir !

V

Si beaucoup de ménages se fondent ainsi,
avec des situations modestes, les débuts
seront humbles, les progrès laborieux, il est
vrai; mais après la guerre cet effort sera
plus ou moins imposé à tout le monde ; non

pas un labeur relatif, réglé par la théorie du moindre effort, mais bien celui dont on a dit : « *Labor improbus omnia vincit* ».

En effet, nous serons tous proportionnellement appauvris par les formidables dépenses de la guerre mondiale, par la mauvaise administration et le gaspillage que nous avons, depuis si longtemps, tolérés dans nos finances ; enfin, à un autre point de vue, par l'effroyable trouée que les armes ennemies ont faites dans les rangs des tirailleurs.

Il y aura donc entre toutes les graves questions d'après la guerre, une question économique ; on nous accordera difficilement la capacité d'y mettre la main ! Mais cette petite main est déjà dans l'engrenage. En veut-on la preuve ? « La Société des Agriculteurs de France a voulu récompenser les dévouements obscurs des fermières, des métayères, des ménagères françaises par des distinctions purement honorifiques : la fierté des vaillantes femmes n'en accepterait pas d'autres. Bien que son appel soit très récent, que des mérites exceptionnels lui soient seuls signalés, c'est par centaines, c'est par milliers que les demandes lui arrivent. Dans plusieurs départements les associations locales se déclarent incapables de faire un choix ; toutes les paysannes, disent-elles, seraient dignes de récompense. C'est une fermière de la Mayenne, Mme Balluard, mère de quinze enfants dont six sont sur le front ; avec l'aide de cinq de ses filles et malgré sa mauvaise santé, elle dirige une ferme de quarante-trois hectares dont elle assure, depuis le début de la guerre, l'exploitation dans les meilleures conditions. Ce sont quatre jeunes filles, Mlles Le Ludec, restées seules à la ferme, qui la maintiennent depuis deux ans en état de culture ; c'est Mme Dubreuil qui, son mari à

l'armée, seule dans une ferme de soixante-
dix hectares, après avoir subi l'invasion et le
pillage, fait ses battages, ses charrois, dirige
les labours, tient elle-même le semoir et
entretient une laiterie dont les produits ali-
mentent les deux tiers de la population [1]. »

Ces traits admirables se comptent par milliers ; ils expliquent non seulement la pros-
périté de la France rurale, au milieu de la
plus effroyable tourmente, mais encore l'ir-
résistible puissance de l'armée française : les
fils de telles femmes ne peuvent qu'être
invincibles.

Dans d'autres milieux, d'autres bonnes
volontés se préparent à se joindre à celles
qui se sont déjà mises à l'œuvre. M. Maurice
Donnay, dans une de ses lettres « à une dame
blanche » écrit : « une demoiselle, professeur à Paris, et qui est l'amie et la confidente

1. René Lavollée, Lettre au journal *le Figaro*, (9 avril 1916).

de ses élèves, me racontait dernièrement
que beaucoup parmi ses petites veulent
épouser un agriculteur, s'occuper de la ferme, de la basse-cour, du jardin, du potager,
du verger, et avoir beaucoup d'enfants !
Elles rêvent la vie au grand air, et je sais
plusieurs mariages qui se sont faits dans les
hôpitaux, entre de jeunes infirmières cita-
dines et des blessés, jeunes hommes terriens,
qui font de l'élevage et de la culture ».

Beaucoup de femmes raisonneront ainsi,
avec le bon sens dont notre race est coutu-
mière, en comprenant qu'une vie très simple
sera imposée à la bourgeoisie après la guerre
par la force des choses; et qu'il vaudra mieux
vivre largement aux champs que de végéter
médiocrement en ville; beaucoup aussi, ins-
pirées par des motifs encore plus nobles et
moins personnels, penseront que nulle part
mieux qu'à la campagne, elles ne peuvent

avoir une action plus féconde et plus utile au
relèvement de la France et travailler plus
activement sans se séparer de leurs enfants.
Ce n'est pas d'ailleurs à la vie de château
qu'on les convie ou plutôt c'est à une nouvelle
vie de château qui, sans exclure les saines
distractions et les relations de société, n'en
fera pas le but, seulement la récréation d'une
vie laborieuse. Peut-être trouverions-nous, si
nous cherchions bien dans les tiroirs de nos
meubles anciens, quelques conseils et quelques exemples dans les lettres jaunies
d'aïeules ou de vénérables tantes. Mais il est
convenu qu'on est moderne, et je le veux bien,
si ce moderne est bon.

Moderne est donc notre conception du travail; c'est une gloire! bien loin de rougir
d'avoir à gagner notre vie et celle de quelqu'un des nôtres, nous sommes fières d'y suf-
fire, même si nous ne pouvons être ni em-

ployées, ni institutrices, ni sténodactylogra-
phes. Et, comme de vraies américaines, à
quelque besogne secondaire que nous ayons
employé notre journée, si notre éducation,
si notre famille nous rendent les égales d'autres femmes, nous nous imposerons avec
elles au milieu qui est le nôtre, quand, après
le travail, nous aurons lavé nos mains et
arrangé nos cheveux.

Il ne s'agit pas de revendiquer des fonc-
tions masculines et de nous faire chauffeuses,
coulissières, aviatrices ; mais d'accomplir
tous les travaux qui ne demandent que peu ou
point de force physique et dont on peut s'ac-
quitter avec de l'adresse, de l'énergie, de l'as-
siduité, et s'il le faut, un court apprentissage.

Soyons tailleurs et couturiers pour dames,
coiffeurs et parfumeurs ; qu'on ne voie plus
derrière un comptoir de belles barbes éta-
lées et des mains masculines occupées à

auner du drap ou à plier des mouchoirs ; ni
dans les antichambres les grands valets dont
les petites françaises en tablier blanc peuvent occuper si gracieusement la place. Tous
ces braves gens, au contraire, seront indis-
pensables après la guerre, à la charrue ou
à l'usine. S'ils se refusent au travail, si nous
ne l'acceptons pas nous-mêmes, ce sera en
vain que notre sang aura coulé à flots dans
cette guerre, que tant de maux auront été
soufferts, tant d'héroïsme dépensé ; peu
d'années suffiraient à nos ennemis pour re-
faire leur œuvre néfaste et plus sûrement
qu'avec leurs armes barbares, nous mettre
à la porte de chez nous.

Nous, femmes françaises, nous ferons tout
pour l'empêcher : non seulement nous nous
résignerons à l'effort, au travail intensif, mais
nous nous imposerons encore les sacrifices
nécessaires pour réserver toutes nos com-

mandes à nos nationaux, bien que leur main-
d'œuvre soit plus chère que celle des étrangers. Un budget réduit dont nous éloigne-
rons avec soin tout gaspillage, une bonne
administration, nous permettront de tenir
cette patriotique résolution ; tandis que d'un
autre côté, par la multiplication des ouvrières,
par le meilleur esprit que nous tâcherons
d'obtenir d'elles, non en les flattant, mais en
les aimant, nous arriverons à faire que les
produits français se livrent à meilleur marché qu'aujourd'hui. Nous venons de parler
d'amour ; s'il nous est permis de former un
souhait, c'est qu'il règne en maître entre
les classes de notre nation, là même où
avant la guerre tant de choses accentuaient
la division et jetaient des germes de haine.
Faisons du moins la vraie union sacrée
entre les femmes, les mères, entre les
françaises de race et de cœur, et notre

œuvre d'initiative courageuse réussira.

S'il nous vient d'autres concours, nous les bénirons, nous nous en servirons avec joie; mais il faut que ce soit des concours sincères, des concours utiles. Ce sera déjà beaucoup de gagner et de conserver la liberté du bien, de ne pas être étouffées, sous couleur d'aide gouvernementale, par des lois, des règles, des censures et tous les contrôles d'antan. Mais pourquoi parlerions-nous politique? nous n'en connaissons que bien peu de chose, et ce peu nous suffit pour en souffrir.

Nous ne dirons pas cependant : « Nous seules, et c'est assez », mais bien : *L'amour de la France, une juste cause à défendre, beaucoup de françaises de bonne volonté, c'est une force, en attendant mieux.*

FIN

TABLE DES MATIÈRES

—

Poitiers. — Imp. G. Roy, 7, rue Victor-Hugo.